熊秉元 著

黑猫白猫和好猫

对世事人情的经济学思考

山西出版集团
山西人民出版社

图书在版编目（CIP）数据

黑猫、白猫和好猫——对世事人情的经济学思考 / 熊秉元著.
—太原：山西人民出版社，2009.5
ISBN 978-7-203-06122-9

Ⅰ. 黑… Ⅱ. 熊… Ⅲ. 经济学—研究 Ⅳ. F0

中国版本图书馆 CIP 数据核字（2009）第 034782 号

黑猫、白猫和好猫——对世事人情的经济学思考

著　　者：熊秉元
责任编辑：贺　权
装帧设计：思想工社

出 版 者：山西出版集团·山西人民出版社
地　　址：太原市建设南路 21 号
邮　　编：030012
发行营销：010-62164516
0351-4922220　4955996　4956039
0351-4922127　（传真）　4956038　（邮购）
E - mail：sxskcb@163.com　发行部
sxskcb@126.com　总编室
网　　址：www.sxskcb.com

经 销 者：山西出版集团·山西人民出版社
承 印 者：北京市通州兴龙印刷厂

开　　本：787mm×1092mm　1/16
印　　张：13.5
字　　数：200 千字
印　　数：1-10000 册
版　　次：2009 年 5 月第 1 版
印　　次：2009 年 5 月第 1 次印刷
书　　号：ISBN 978-7-203-06122-9
定　　价：25.00 元

序一

经济学不再不可捉摸

大华证券董事长　邱正雄

一美元纸币的背面是一座尚未完工的金字塔，塔顶上有一只天神闪亮的眼睛，指引金字塔建造。台大经济系熊秉元教授在其《黑猫、白猫和好猫：对世事人情的经济学思考》一书中，就如同具有天神闪亮眼睛般的慧眼，一眼洞穿金字塔内现代人的行为。

熊教授经济学造诣精湛、博学多闻、视野宽广，在本书中他以深入浅出的文笔探讨复杂的现代人行为。他以著名的诺贝尔经济学奖得主、老子、佛家的名言隽语为经，以他个人对生活事物的好奇心及透彻观察力为纬，探讨分析经济、政治、社会、法律、医学、宗教等各层面问题，因此读本书会使读者获得很多心得，也必会发生“顿悟”的会心微笑；并会觉得经济学不再是玄而不可捉摸的学门，而是能对事务提供客观分析与价值判断的工具。

为满足读者的好奇心，兹引用本书五位经济学诺贝尔得主的名言隽语与熊教授洞察力互相交织辉映的画面，与读者分享(括号内年代系诺贝尔奖得奖年代)：

例一，对经济学的体会，弗里德曼以为："天下没有白吃的午餐"，表示有收益必有付出。莫迪里阿尼的心得为："不要把所有的鸡蛋放在同一个提篮里"，表示世事变化不定，投资要分散风险，才能获得平均的最高报酬。熊教授则以"黑猫和白猫不一样"来表示经济学是一种相对概念的学问，在某些情况下，钻石比水有价值；而某些情况下，水比钻石有价值。

例二，对政治经济学的体会，布坎南（1986）以毕生研究而说出名言："如因有人认为'一加一不等于二'，怎么办？"这是指民主真义虽为"众人在自由和平的基础上解决众人之事"（一加一），那么当有人对"自由和平"有很不一样的解释时（一加一不等于二），怎么办？熊教授显然同意布坎南用发扬修改西蒙（1978）"有限的理性"概念，以"妥协"等另一层次的"客观价值"来解决这个问题。

例三，对法律经济学的体会，科斯（1991）及其同事波斯纳教授认为："法律的目的应该是在促使社会财富极大。"这是会令一向强调公平、正义的法律学者猛然一愣的看法。熊教授以为，在现代社会里，当一项行为是否要受法律制裁的标准，与是非对错以及道德高下标准无关时，则法律取舍就可从社会最大的福祉来着眼，而大多数财经法规正是如此。

熊教授这种以现代经济学思考逻辑为主轴，完整地探讨现代人应有的正确思维，并指引解决问题的方向，使得这本书成为一本发人深省的好书，也是一本指导如何使现代人思想正确的好书，故乐予推荐。

序二

一个经济学知识分子

文化评论家　南方朔

近年来，经济学家跨界或跨行演出，似乎已成了常态。在报章杂志上，总是看得到经济学家的名字。

在外国的经济学家里，我特别喜欢读诺贝尔经济学奖得主史蒂格勒（Joseph Stiglitz）、贝克（Gary S. Becker）、以及著名的经济学家克鲁格曼（Paul Krugman）、沙杰士（Jeoffrey Sachs）、库特勒（Robert Kuttner）等人的文章。尤其是克鲁格曼教授在报纸上每周一篇的专论，谈经济、谈政治，有时甚至涉及到法律、历史、价值、文化与习俗，其议论纵横，最让人钦服。他不是“书生空议论”，而是把经济学当作一种参与世界的媒介。他是“经济学的知识分子”。

以前的人会成为“知识分子”的，不是文化人、哲学家、历史学家，就是法政及文学家，似乎很少有经济学家的踪影。但到了近代，这种情况早已有了改变。不但在严格的学术领域，经济学家向政治、法律、哲学、社会等学科伸手伸脚，纵使通俗的评论及专栏界，也都看得到经济学家在里面左右纵横。这种趋势的形成，当然不是没有理由的，最大的理由即是经济学家经过长期的修为，在思考及分析的方法论上，的确已卓然有成。于是，武功练好就下山，开始了经济学家行走江湖的日子。早年我最爱读哈佛经济学家出身的席尔克（Leonard Silk）的文章，他整整写了二十三年，在停笔宣言那篇《二十三年来观察复杂世界的我见我思》里，他有一段话想必是“经济学知识分子”的共同心声：

我视经济学为哲学的一支，一种道德哲学，如同亚当·斯密那个时代所相信的。经济学的任务在于改善人群，尤其是其中的穷人。我们永远无法确知是否掌握到了整个真理，但我确信总是有某种真理的存在，必须用整个心灵来追求，并对各种事实充分敬虔，如果可能，应再加上谦虚和幽默感。写作二十三年，有人喜欢，有人痛恶，而无论知我罪我，我都用感激的心说再见。

西方的“经济学知识分子”沛然而兴，在台湾亦未例外，台湾的经济学界早已有许多位学养俱佳的学者参与了写作论政及专栏事业，他们以经济学的思维及方法论看问题，每能发人之未发，省人之未省。而在这些经济学家里，熊秉元教授则无疑的是极为秀异的一人。

我和熊教授曾经有过合作的经验，对他明确而不含糊的思考及行为，印象非常深刻。此外，近年来也陆续拜读过他的著作集，这种著作我称之为“熊氏散文”。

“熊氏散文”其实是一种非常有趣的“文体”。他是个专业的经济学家和各类实务问题的研究者，但却右手写专业之余，腾出了左手，写那种夹叙夹议感的散文。他自称是借此作“经济学的传教士”，但如果深入地看，却是标标准准的“经济学知识分子”——因为他是在用经济学家的眼睛看各式各样的事物，虽不一定真能发挥除魅解惑的作用，但却毫无疑问的是让人在面对问题时多了另外一些思考的角度。

就以这本《黑猫、白猫和好猫：对世事人情的经济学思考》而言，它是“熊氏散文”的辑合。在一篇篇的散文里，无论谈的是私事、人际互动、公共议题，甚至国家大事，他都是意图用经济学的原则加以提点。这也就是说，他真正在做的，乃是要把经济理性贯串到左右人们最大的那个关于价值的问题、规范问题，以及秩序问题上。因而这些文章也就变得很哲学。难得的是尽管一直在碰这些根本问题——亦即金字塔底层的问题，他并没有经常被人指控的那种所谓“经济学家的傲慢”。他提问，他论证，他保留，答案则要人们自己去思考。

“熊氏散文”斐然可观，但愿在“经济学知识分子”这个专业上，有更多经济学家来参与。

是为友情推荐。

自序

科学之钥和心中之尺

熊秉元

曾经有人把老师分为四级。第一级的老师能“告知”：告诉学生A是A，B是B；第二级的老师比较好，能“解释”：解释给学生听，为什么A是A，B是B；第三级的老师更好，能“示范”：除了言教之外，还可以亲身示范给学生看；第四级是大师，除了告知、解释、示范之外，他还能“启发”！

忝为老师之一，我觉得自己大概是介于“解释”和“示范”之间，差强人意，但显然还有成长的空间。不过，告知、解释、示范和启发的划分当然不只适用于老师，每一个人都可以自问：对于部属、同事、朋友、乃至于子女，自己能做到这四级中的哪一级？另外一点，这四级多少有些循序渐进的层次，不能挂一漏三。因此，虽然有些演说家、小说家、心灵改革家、布道家、居士，能以动人的言辞或文字触动众人的心弦，可是，如果没有示范、解释、告知，那么即使有启发，也将只是情绪上一时的起伏，会是过眼烟云的表象而已！

两三年前，我搬进学校的宿舍，住在公寓的五楼，只知道对面住的是一位电机系的李老师。偶尔碰面，点头问好，过年过节，彼此也有粽子水果之类的往还，但也仅只于此。后来不知什么原因，我们互赠彼此的著作，然后一连串有趣的事就渐次出现。

首先，自然而然的问题：一个经济学者的著作，电机系的教授会有兴趣看吗？同样的，一个电机系教授关于发明原理的大作，会对经济学者有意义吗？

我把书送给李老师后没多久，他就告诉我：书写得很好，他已经把我的书介绍给他的学生，而且，他觉得我在分析问题时，思考的角度和他书里的某些原则是相通的！当我看李老师的书时，也有同感。更有趣的，是当我们谈起学生（听众）们对课程的反应时，竟然发现几乎是一样的：学生告诉他，上了他的课才知道什么是“独立思考判断”，学生也告诉我同样的感觉。有一位大公司的高级主管在听他演讲时潸然泪下，事后告诉李老师：如果能早几年听到他的演讲该有多好！我在推广教育教的学生没有掉眼泪，不过也告诉我同样的感觉。

为什么呢？是什么因素使自然科学和社会科学对人产生这样的冲击？这两种看来截然不同的科学又有什么共同点呢？

经过一段时间的琢磨，我有一些心得：不论是在自然科学或社会科学里，每一个学科就像一座小的金字塔。政治学是一座金字塔，经济学也是；物理学是一座金字塔，数学也是。每一座金字塔的最底层，是这个学科里各式各样的问题。底层之上，是分析处理这些问题的主要理论；在各种理论之上，是更抽象的理论；而每一座金字塔的最顶尖，就是最重要、最能反映这个学科精神、也最能贯穿整个学科的核心观念。

对不同的学科而言，核心观念可能不一样。不过，既然所有的科学都是由人来摸索探究，人还是最后的主体；而人在思维斟酌的极致，还是（或只不过是）一个“观念”。在“观念”的层次上，可能各个学科是相通的……可以由一个金字塔跳到其他金字塔上。因此，好的老师不但能掌握自己学科这座金字塔顶尖的核心观念，而且还可以像导游一样，带领学生在自己的金字塔里从容遨游，甚至，还可以指引学生如何由自己的金字塔过渡到别的金字塔，享受知识殿堂里的盛宴……李老师显然就是这么一位老师！

当然，就自然科学和社会科学而言，可以看成是由许多小的金字塔组成的两座大金字塔。自然科学所探讨的是自然现象里的规律性（因果关系），而社会科学所探讨的是人文现象里的规律性。人文现象是由“人”的各种行为所呈现，而自然现象是由“物”的各种行为所呈现。既然人的行为是受到各种价值所影响，所以社会科学这种金字塔的结构是由价值体系（心中之尺）所支配。相形之下，“物”的行为是受到各种物理化学……等法则所影响，所以自然科学这座金字塔的结构是由自然定律所支配。如果阐释得宜，当然可以由自然科学这座金字塔的顶尖，跳到社会科学这座金字塔上；反之，亦然。不过，一旦进入不同的领域，属于这个领域特有的材料还是需要有好的老师来告知、解释、示范和启发。

因此，我们又回到老师的身上。听李老师演讲是一个很特殊的经验，李老师所剪裁的材料生动有趣，鹤发童颜的李老师吸引住每一个人的眼光和精神。随着一张张幻灯片的起起落落和李老师认真投入的解说，告知、解释、示范、启发的感受逐一浮现。当李老师换上最后一张幻灯片时，银幕上出现的是一个斗大的字，让人意外、惊奇、回味无穷，并且深深感佩于李老师的人文胸怀。

表面上，李老师的书是尝试阐释“发明创造”这座小金字塔的顶尖。可是事实上，这些内容是一把科学之钥，能开启很多很多、大大小小的金字塔。因此，这是智慧的结晶，值得慢慢的咀嚼、琢磨。慢慢的读、慢慢的想、慢慢的运用、慢慢的试着让书中的观念成为自己的一部分、成为自己安身立命的依据。

附记：李茂辉教授的书名为《跨越发明的门坎、增进创意的秘诀》，已由松岗出版社发行，本文为该书的序。考虑本书的内容，本文也正好作为本书的序。

目 录

第5章　公平的局限

第6章　有限的理性

第7章　比较优势

第8章　人是自利的

第9章　公共选择

第 1 章

暗室里的摄影师

对于经济学者的角色，有很多不同的譬喻和期许。在20世纪早期，英国的罗伯逊爵士曾经表示说：

经济学家就像一条狗，每当看见大众之事的处理，是不必要的增加一个人公私之间利益考虑的矛盾时，他有责任放声高吠，发出警讯。每当看见事情推动的方向将让这种矛盾维持在一种可堪忍受的限度之内时，他也有责任轻摆其尾，表示嘉许。

1982年诺贝尔经济学奖得主、美国的史蒂格勒（G. J. Stigler）教授曾以《(作为）传教士的经济学者》为一本书的书名。他认为经济学者对人的行为有深刻的了解，应该责无旁贷地肩负起教化民众、启迪民智的神圣使命。另一位诺贝尔奖得主，也是美国籍的西蒙（Herbert Simon）教授，为人虽然恃才傲物、树敌无数，可是，在他的回忆录里，他对社会科学研究者之一的经济学者却有非常戒慎恐惧、语重心长的提醒：

当一个研究者面对（任何）问题时，本质上有点像是老鼠在迷宫里碰上叉路一样。对你而言未来是不可知，而你本身的理性和判断力又非常有限。因此，在叉路上的抉择往往只能在自己能力有限，而未来又是一团迷雾的情形下，勉强地做出取舍，并且希望最后的结果能差强人意！

我自己的偏好，是把经济学者比喻成一个在暗室中拍照的摄影师。我曾在一篇论文里写下过这么一段话：

摄影师要为暗室里的一座雕像拍照，因为暗室里一片漆黑，所以摄影师要架几个镁光灯来打光。可是，要衬托那座凝立在暗室中央的雕像并不需要让整个房间明如白昼，而只要有足够的灯光，能烘托出雕像和雕像的四周就可以了。因此，摄影师的造诣，就反映在他的斟酌和拿捏——最后到底要用多少镁光灯、要从哪些角度，才能最精致传神地捕捉住雕像的神韵！

我觉得，在探讨任何问题时，一个经济学者事实上就像是一个“暗室中的摄影师”：以他的学养和判断，取舍剪裁不同的数据，最后衬托出问题最重要的部分。而且，“暗室中的摄影师”还有一些更深刻的含义。

首先，由经济学的角度来看，任何社会现象都是许多人的个别行为汇总之后的结果，因此，任何现象的出现都是有其原因的，也就应该试着去探讨形成这些现象背后的原因，而不只是停留在对现象好坏的批评上——应该从不同的角度打光，以烘托出雕像的神韵。

其次，如果经过分析，发现形成某个社会问题的主要原因有甲、乙、丙、丁共四个条件。那么，下一步的工作就是思索甲、乙、丙、丁这四个条件中，哪一个或者哪几个是可以经由

"人为的力量"加以改变。而且，还要仔细检查，我们手中又有哪些工具可以用来改变它们。因为，在目前的环境下，以我们所掌握有限的人力和物力资源而言，有很多问题都不一定是能做立竿见影式的改变。因此，在思索改善现况的政策性建议时，值得去想"拥有的工具"和"问题的结构"这两者之间的相对差距。渐进式的改善可能是比较容易实现的，而根本性的改变则不一定是可及的——摄影师所拥有的器材可能有限，不一定能从心所欲。

当然，暗室里的雕像是肃立不动，人的世界则是瞬息万变，摄影师所能捕捉的可能只是稍纵即逝的吉光片羽。不过，即使如此，如果摄影师（经济学者）功力深厚、慧眼独具，不也能一以贯之地掌握住万物之灵历久弥新的一些行为特质吗？

"经济人"和"自然人"

在经济学里，对人性有两点很基本的假设：人是理性的，人是自利（不是自私）的。基于自利的动机，正常人在行为取舍时会追求自己所认定的福祉——包括照顾好自己和自己的家小、自己所投入的公益活动等。

对于"人是理性的"这个特性，连经济学者之间都众说纷纭，莫衷一是。有几位经济学者曾做过一连串的实验，来检验关于"理性"的假设。

有一个实验是把参加的人分成很多小组，每组有几个人，每个人发五美元，然后，宣布游戏规则：参加的人有两种选择，可以把钱放进自己的口袋独享，或者把一部分钱捐出来。捐出来的钱会加倍，然后平均分给参加的人。以一组四个人为例，如果每个人都把自己的五块钱捐出来，共有二十块钱。二十块钱加倍之后变成四十块钱，每个人可以得到十块钱，比原来的五块钱多一倍。

这个游戏的曲折所在，是参加的人可以算计得更清楚一些，如果自己留下五块钱不捐，让另外三个人捐，所捐款加倍之后是三十块钱，除以四是七块五。因此，再加上自己的五块钱是十二块五，比自己捐钱，别人也捐钱得到的十块钱还多。而且，如果自己捐钱，别人都不捐，自己只能从加倍以后的十块钱里得回二块五，比原来的五块钱少。所以，不论别人怎么做，对自己最有利的做法是，留下自己的五块钱，不要捐出半毛钱。

这是根据正统经济学所作的推论，可是，实验结果却不是这么一回事。虽然参加的人都知道规则（也就是清楚自己吃力不一定讨好，但可以袖手旁观、坐享其成的规则），他们却平均捐出 40%~60%的钱。而且，更有趣的是，经济系的学生似乎比较“有理性”（比较会算计？），他们平均只捐出 20%的钱，远低于其他背景的受测者。

这个实验结果起码含有两点重要的意义：第一，一般人的行为并不是像经济学理论所预测的；第二，受过经济学的训练之后，人的行为比较“有理性”，可是好像比较没有人情味、比较顾虑到自己的利害、比较没有公德心。

如果经济学要维持“社会科学之后”的美誉，对于这些看来矛盾和尴尬的结果，显然要能提出一些足以自圆其说的解释。

就经济系的学生而言，因为在课堂上看多了各式各样“行为模型”，知道人在追求狭隘自利时的特性，所以，一旦面临实验的情景，很自然也会“就事论事”地应对。这些学生甚至可能认为，如果不算计得清楚一些，可能反而会被调侃讥讽。而对于其他一般的参加者而言，在面对实验的情景时，除了个人的得失之外，很可能还想到了公平、正义这些概念。或许他们会觉得，在行为上表现这些特质更重要，会使自己更像一个有公德心和团队意识的“好公民”。因此，实验结果所反映的，是不同背景的人在思索问题时着重点的不同，而不是在本质上有什么差别。而且，实验结果事实上可以说间接地衬托出经济学的价值所在：人确实是非常有理性的动物，人会在不同的情境下琢磨出不同的应对之道。所以，在市场里买水果时可以不为他人着想，尽拣最大最甜最美的水果，而在公寓里和邻居相处时会守望相助、互通有无。

当然，对经济学家而言，实验的结果也是很好的提醒。虽然人是能思考、会追求自己福祉（理性和自利）的生物，但是人所思索和追求的，往往比经济学的行为模型所模拟的要复杂得多。如果只根据简化的模型做直接的推论，就容易得到南辕北辙的结果。

想想看，为什么自己做了点心会送给楼上楼下的邻居品尝，而不会拿到马路边去请陌生人——受过经济学熏陶的人和没有受过经济学训练的一般人在这一点上是否都一样。

正统的经济学训练

某个星期六，晚上我和内人、儿子去参加一个聚会，参加的都是在推广教育中心上过我的课，现在和我是亦生亦友的一群中年行政主管和他们的家人。

吃完大家自己动手张罗的一大桌菜，大伙儿散坐四处，或泡茶、或唱卡拉 OK、或闲聊。其中几位邀我一起打麻将，我们就坐上牌桌，认真地“寻找心中那把尺”[①]。打了两圈之后，我赢了八百元，然后皆大欢喜地各自回家。

第二天起了个大早，心情依然愉快，看内人和儿子还在睡美容觉，我决定自己上菜市场去买点菜。以后要是有人批评男生从来不上菜场或下厨房，我马上可以有一个反例——推翻定理只要“一个”反例就够。

口袋里放了几千块钱之后，我慢慢逛到离家不远的成功市场。这是个传统市场，一个用铁皮、合板之类材料搭成的大棚子，里面有三四排走道，大概有一两百个各式摊贩。

我心里也没有打定主意要买什么，打算见机行事。先经过一个卖“手工饺子”的摊位，有老少三个（大概是一家人）正在忙着包饺子，也不知道他们包的饺子味道如何，不过我决定等一下回去时，要经过这里买两盒饺子。过了两排走道，角落上是一个专卖贡丸虾饺之类的摊子，摊子上少说有一二十种丸子。我选了看起来还不错的三种，各要半斤，总共一百五十元，我掏钱付了账就提着丸子离开，也没问单价各是多少。

经过卖鱼虾的摊贩时，我注意到原来彼此对面的两家摊贩现在只剩下一家，另一家变成卖衣服的了。我想到内人常买虾子给小鬼吃，就问摊贩虾子怎么卖，“草虾一斤五百，‘×’虾（没听清楚）一斤九百”。我觉得有点贵，但又不知道到底贵不贵，就既问之则买之地要了半斤草虾。

提着丸子、虾子和后来买的饺子，我顺着原路回家。在巷子里偏身闪让一辆迎面而来的机车时，我脑子里突然有一个念

① 《寻找心中那把尺》（社会科学文献出版社，2002，熊秉元著）

头：上市场买东西很明显的是“经济行为”，既然自己忝为经济学家——受过正统的经济学训练，现在还在高等学府里培育英才。那么，回想一下，在刚才一连串的搜寻和买卖里，自己到底有没有用上平时诲人不倦、念兹在兹的经济理论？做到有没有理论和实际结合？

根据基本的经济理论，人在面临选择的情境时“会”或者“应该要”权衡各种利弊得失：考虑手中握有多少资源，看看面临的外在条件，再以个人的好恶来取舍。这是一个很完整精确的过程。如果哪一个人不是这么做，他就是“不够理性”，在行为上就应该再周到细密一些。

当然，比较精致的经济理论看法稍稍不同：人不一定要在个别行为上仔细斟酌、锱铢必计，人可以有意识地选择一些“规则”，然后根据规则照章行事。这么做一方面保留了人理性思维的特质，一方面也省却了在每一件小事上究其精微所耗费的时间心力。也就是说，“理性选择”不是见诸于个别行为，而是反映在“行为规则”上。

我把早上从出门到离开市场的这个过程仔细地回想了一次。除了在买虾子时，对价钱是不是太贵稍微犹豫了一下之外，好像完全没有考虑到钱的问题，完全是兴之所至地跟着感觉走。所以，除非“随兴所至”也可以算成是一种规则，要不然我在决定要买饺子或贡丸，以及要买多少时，根本毫无章法可言。理论，好像真的跟实际有一段距离！

不过，快走到家时，我又想到，大概除了经济学家之外，很少有人会在买完东西之后自己在脑海里作益智游戏。或许，多想想之后，在潜移默化之中总会对人的选择行为有帮助——不管是对个别行为，还是对规则的选择。

经济学的世界观

我曾经应邀参加一场关于土地问题的研讨会，并且提出论文。我报告的题目是《初探无壳蜗牛的政治经济面》。除了在前面对于台湾房屋问题的背景和现况作了分析之外，我在论文里还洋洋洒洒地提了一些短、中、长期的政策建议。在长期性政策建议的最后一项，我列出“尽速实施将国民教育延长至十二年的政策”。而且，“在基础教育的最后三年，也就是在高中阶段，应该完整介绍经济学的基本观念”。

评论人在评述时，先客气地推崇一下论文的分析，然后提出一些不同的看法，而且还特别质疑我建议中的最后一点。他认为十二年国教或许有其他值得推广的理由，但是与解决无壳蜗牛的问题应该没有什么关系。而且，加强经济学的教育也不一定能让大家买得到房子，他还表示，不妨在现场做个调查，看看是不是所有的经济学博士都是有壳的？这个提议引发了现场来宾的一片笑声。

在作者答复时，因为时间有限，所以我只针对其他的问题作一些补充。对于“延长国民教育”和“解决无壳蜗牛的问题”，我没有再作发挥。不过，一年过后，再想起当时的论对，我觉得真是有趣。

把国民教育从九年延长成十二年当然有很多其他的考虑；不过，我的意思是，当经济持续增长以后，社会上有各种赚取利润、累积财富的机会。因此，贫富之间的绝对距离和相对距离都会逐渐拉大，这时候就值得采取措施使一般民众的竞争能力越接近越好。只受过九年国教的人在竞争能力上，当然比不过其他受过十二年或十五年教育的人。所以，延长基础教育的年限，可以从根本上加强一般民众创造财富、追求幸福的能力。

对于在基础教育里介绍经济学的基本观念，我的想法是：现代公民处在我们这个经济高度成长的社会里，就应该对经济活动的本质、市场机能的特性等有基本的认知。这一方面是让国民了解现代工商业社会的特性，进而能理智地追求自己的福祉；另一方面，可以说是让大家在经济的变动起伏中，起码具有足以自保的能力。

虽然这是很浅显的道理，不过很值得一再强调。在农业社会里，一个人的生老病死都和围绕在周围的亲戚妯娌密切相关，也“只”和这些人有关。在现代工商业社会里，一个人生活里的食衣住行都和无所不在的经济网络，以及这个网络上的其他千千万万个人密不可分。既然经济学处理的主要内容就是买卖交易这些经济活动，以及这些经济活动所造成的波动兴衰，那么在现代社会里了解经济学的基本观念，就几乎和认字读书一样的重要。

事实上，经济学的内涵还可以作进一步的发挥。追根究底，“经济学”其实是一种认知和分析事情的“世界观”，是探讨人在面对抉择时，如何取舍的问题。一般人认为经济学是和“钱”有关，其实从广义来说，“钱”就是价值的一种表现形式，但也“只是”价值的诸多表现形式中的一种而已。其他的价值表现形式，像美丑、善恶、高下、好坏等，都是一个人生命中无从规避的，而这些价值之间的冲突转折，都可以运用经济学的观念来认知和分析。所以，如果阐释得宜，经济学不只是能让一个人在“物质”上自求多福，更可以让一个人在

“精神”上找到安身立命的依凭。

人，当然不一定要懂经济学才能过日子——就像人不一定要会读书写字才能过日子一样。不过，也就像读书写字一样，当大家都会读书写字的时候，对绝大多数的人而言，难道日子不是变得更“好”一些了吗？

道德论与经济学

前两天搭公交车时碰到一位在教育界服务的中年女士，她正在学校附设的推广教育中心修我的课。刚好同路，我们上车之后就坐在一起闲聊。

她提到修课之后思想上的一些转变，觉得自己现在会从思考问题中得到快乐。她说曾买了几本我的散文集《灯塔的故事》送给学校里的同事，希望他们也能分享她所经历的智识上的洗礼。没想到，她说，同事的反应却是：教育上强调道德的重要性还惟恐不及，怎么能再传播经济学讲究实利的观念。

她似乎觉得有点无奈。我安慰她，她和其他的学员觉得有收获，是因为我们在课堂上深入地讨论我书中短文的意义。一般人看我的书，可能只觉得故事有趣，而不能体会故事之内较深刻的内涵。她点点头。

今天下午上研究所的课，我把这一段际遇讲给六七位硕博士班的研究生听。其中有一位博士班的研究生很有意思，他上个星期来找我，说这一年没修我的课觉得若有所失，自己在专科学校教书也越教越没有“感觉”。所以，虽然这一学年只剩下半个学期不到，他决定要回来旁听我的课，汲取一些养分。

我讲完之后，就问这位“迷途知返”的高足：如果你碰上

“道德论者”的质疑，怎么办？面对这个突如其来的问题，他不但不紧张，反而好像有点如鱼得水的自在，他说：“我就问他道德是什么？”

我说：“那是第一个问题。第二个问题是，为什么要有道德？第三个问题是，道德有什么功能？”

我看了一眼我的学生，他连连点头，两颊还因为兴奋而有点泛红。别的研究生都轻轻笑出声来。我觉得很有趣，也稍稍有点得意。

难怪研究生们那么出口成章，自矜自是。我们在课堂上曾经花了很多时间处理道德的问题。道德，是因为人和人交往互动才慢慢形成的。因此，在鲁滨逊一个人的世界里，并没有道德不道德的问题。道德，有点像润滑剂，能使人际交往比较容易进行，而且均蒙其利。所以，和邻居守望相助的美德是彼此之间的互惠，希望和“诚实”的人交往是因为好处多缺点少。道德，是有条件的，是相对的。因此，乡下农村里民风比较纯朴，大城市里的人比较冷漠，兵荒马乱时人性比较原始率直。

可见，道德是在某些条件之下才会出现，而且是人有意识或无意识之下选择的结果。道德有其正面积极的功能——如果某种道德会使人趋于毁灭，人会选择那种道德吗？因此，人期望自己要有道德，呼吁别人要有道德，追根究底还不是基于“利弊得失”的考虑？只不过道德所含有的利益比较隐晦，比较间接。

这事实上也正反映了经济学者和一般人在基本认知上的差别：一般人在认知事物时，往往从一些很抽象的概念（公平、正义、道德、善恶等）出发，然后论述人“应该如何”。可是，却很少进一步思索这些抽象概念的内涵到底是什么，是在哪些条件的支持下这些概念才有意义。相形之下，经济学者比较入世一点，在经济学者的眼里，虽然人的行为千奇百怪，不过在本质上都是一样的：人会设法追求自己所愿意追求的目标，以增进自己的福祉。所以，买面包、扶老太太过街、“牺牲享受、享受牺牲”等等，都含有人性自利的成份。而且，在漫长演化进步的过程里，人还会慢慢发展出精致的各种“机能”来自求多福——道德观念就是其中之一！

可是，怎么样才能把经济学这些平实的体会让一般人都能领会接受呢？如果只能在课堂里师生之间彼此论对援引，不知道到底是值得庆幸，还是惋惜？

第 2 章
价值的光谱

诺贝尔经济学奖得主弗里德曼（Milton Friedman）对于经济学有十足的信心，对这个学科当然也就不遗余力地捍卫和发扬。

经济学者在分析问题时，常用一些数学模型来描述人的行为，而一般的模型往往假设人会追求自己“效用”（满足程度）的极大。这个“效用极大化”的假设引起很多人的批评，试问：有谁在做决定时是念兹在兹地追求效用极大？

对于这种质疑，弗里德曼提出一种很有趣的解释：虽然一般人在实际行为上并不一定会自觉地追求效用最大，不过，经济学者相信人的行为“好似”在追求效用极大，而数学模型刚好可以用来很精确地反映这种行为特质。弗里德曼还用一个譬喻来说明：很多人都打过台球，一般人也都从经验里慢慢摸清楚球台的特性、球受撞击之后滑行和弹撞的方向等等。可是，虽然绝大部分的人都不知道相关的物理定律，一般人在打台球时的行为不都“好似”他们已经摸清楚那些物理定律一样吗？因此，经济学者所作“人追求效用极大”的假设，就好像一般人不知道物理定律，但在打台球时所表现出来的却如同他们知道那些物理定律一样！

弗里德曼的譬喻不只是对经济学假设的辩护，打台球的故事还有更深刻的含义，值得细细咀嚼。

一个打台球的老手可能在某一个台球房里长年琢磨之后，练出一身好本领。因为对于店里每一张球台的特性都了如指掌，所以打起球来得心应手、所向无敌。更高明的“球神”不只在一个台球房里称霸，他可能转战南北，能了解、也能适应不同地方的球台，因此能所向披靡、笑傲江湖。而且，不论是一个店里的球王或一个世代的球神，他们靠的可能完全是天赋和经验。当规则改变或球台的材料调换之后，他们或许可以凭着经验很快地摸清楚新的情况，然后继续引领风骚。可是，他们却可能完全不懂物理。

和球王或球神以“经验方程式”行走江湖成对比的，是一个熟悉物理定律但不会打球的人。当他拿起球杆、架起手指、瞄准母球、看好目标、用力击出时，他的动作可能很笨拙可笑。不仅初学时如此，他可能永远打不好台球——即使他确实是一个精于物理定理的人。不过，无论能不能打好台球，当他面对球台时，脑海里所想的会和球王或球神所想的很不一样。球王或球神所根据的是几乎已经成为本能的经验，懂物理的人想的却是物理上关于惯性、撞击、反射、摩擦、偏误等等的“物理方程式”。当规则或球台改变时，他也会在脑海中根据物理上的规则来思索变化所造成的影响，他会把抽象的物理定理应用在眼前的实际情况上。

更重要的是，物理定律所隐含的根本意义。追根究底，关于物体碰撞弹射的各种规律在本质上是一种“因果关系”——“某些原因”在“某些条件”之下会造成“某些结果”！而且，当原因或条件改变时，结果也会跟着改变。不仅物理世界遵循某些因果关系，人文世界里也同样地遵循着某些因果关系。因此，即使人文世界的因果关系比较模糊（例如信息进展使人的思想更自由还是更受局限？)、比较不确定（例如好人不一定得好报，坏人也不一定得恶果。)，各种人文现象背后也总是有某些稳定的脉络。了解这些脉络就和了解物理规律一样——都是对因果关系的认知和体会。显然，如果能掌握最根本、最关键的因果关系，不就能兵来将挡、水来土掩，一以贯之地掌握和应对“所有的”情况吗？

如果说弗里德曼教授得到诺贝尔奖，在某种意义上表示他是一个台球的高手（球圣)，相信对于这样的恭维他会颔首而笑。

黑猫和白猫

前几天，一个电台的记者打电话来，希望针对我出版的几本书谈一谈。我们聊了一阵，最后她希望我能用很简短的一两句话来阐释我所了解的“经济学”。

我想了一下，然后告诉她：诺贝尔奖得主弗里德曼曾用一句名言——“天下没有白吃的午餐”——来总结他对经济学的体会；另一位诺贝尔奖得主莫迪里阿尼（Franco Modigliani）也用一句话来总结他的心得——“不要把所有的鸡蛋放在同一个提篮里”。对我而言，浸淫经济学多年之后也有一点点领悟，我的总结是：黑猫和白猫是不一样的！

记者听了笑出声来，大概有点“怪不得一般人不懂经济学，因为经济学家总是把东西讲得太玄了”的味道。谈完之后，我坐在椅子里，静静地回想刚刚最后一段的对话。

既然两位大师得的都是诺贝尔经济学奖，用一句话一以贯之的研究主题都是一样，那么，在这两句话之间总该有点关联吧。还有，如果我自认为略通经济学的精髓，由我的“黑猫白猫论”应该也能推论到两位大师的传世名言才是，我开始琢磨。

“黑猫和白猫是不一样的”指的是一种相对的概念：在经济学里，追根究底，所有的论述都是相对的。在某些情形之下，钻石比水有价值；在某些情况下，水比钻石有价值。因此，价值是相对的，而不是绝对的。一旦在价值的判断上分出高低大小，紧接着就是取舍的问题。如果要选择钻石，往往要放弃水（或其他的东西）。而且，更深刻地看，选择了钻石，等于放弃了“不拥有钻石”的可能性。既然有“取”，对应的一定有“舍”，因此，有得必有失——天下没有白吃的午餐。

既然价值是相对的，会随着时空条件的改变而改变；既然取舍是一件事的两面，得到某些东西的时候就意味着当时也失去了某些东西；因此，在取舍时，就不值得三千宠爱在一身地孤注一掷。如果能同时照顾到多一些的面向，就不至于在当时看来稳操胜券，时空条件一变之后反而满盘皆输——不要把所有的鸡蛋放在同一个篮子里！

除了能由黑猫白猫推论到白吃的午餐和鸡蛋提篮之外，也许是对黑猫白猫这个譬喻已经深思过一段时日，事实上我还有一些想法……

黑猫白猫反映出事物的相对性，任何一件事物的意义都是相对的、而不是绝对的。换个角度看，一件事物的意义是由其他的条件所衬托出来的。如果一件事物单独存在，我们将丝毫不能认知和理解这件事物的意义。大家都觉得邓丽君唱歌很好听，可是，如果这个世界上只有她一个人会唱歌，别人完全不知道唱歌为何物，在这种情况下，试问我们凭什么来判断她的歌是唱得好或是不好。因此，我们在面对任何一件事物时，都是从脑海里唤起类似的事物、相关的材料，然后以这些来烘托出我们所面对事物的意义。

黑猫白猫的相对性指的还不只是外在的事物，人内心喜怒哀乐、爱恨情仇的各种情怀也都是相对的。经过成长过程里的摸索、学习、尝试、历练，一个人会慢慢在内心里雕塑出一个“情绪的结构”，而这个结构也有高低强弱大小精粗的分别。在面对外在的世界时，一个人除了在理智上有所应对之外，人内在的情绪结构也会唤醒过去类似的相关情境，然后情感上有所起伏。因此，不论是人所面对的外在世界或含蕴在里面的内在世界，一切的一切都是在彼此衬托、相互对照之下才具有某种意义。

有人说，“不管是黑猫白猫，只要是会捉老鼠的就是好猫”，也许是吧。不过，即使都是会捉老鼠的好猫，还是有人喜欢黑色的猫，有人喜欢白色的猫。显然，黑猫和白猫是不一样的！

价值的光谱

朱炎教授曾经当过台大文学院院长，在一次闲聊里他谈到以前当流亡学生时的种种穷况。他还说，大概是学生时代的经历使然，现在他非常节省，到地摊上买一双五十块钱的袜子还会讨价还价半天。可是，对一台台币两三万元的电视，却一个子儿也不少给。他自我解嘲，也许这又反映出书生不辨菽麦的尴尬。

初听朱院长的故事，觉得买东西时“见小不见大”也不能完全怪他。除了一般人不了解电视这种高科技产品，因此任人予取予求之外，经验的多少恐怕也是原因之一：在地摊上买东西是常有的事，对价格的高低也就多少有点概念；相形之下，买电视、冰箱、空调、音响之类的东西，可能是三五年里才有一回，感觉上生疏，取舍时自然会多一些犹豫。

再想起朱院长买袜子的故事，是最近到校外去作一场演讲之后所引发的联想。我在演讲里提到，价格只是众多种价值之一，价格可以从零、一、二、三开始到九十九、一百，同样的，美丑、善恶、是非、对错这些价值也可以由一个极端开始，随着渐渐增加的刻度而慢慢移向另一个极端。所以，我说，伦常道德等等的价值也和价格一样，有着一个非常广泛的“光谱”。

讲完之后，听众之一站起来表示不同的看法。他认为，虽然道德上确实有高下之分、伦常上也确实有亲疏远近之别，不过，把道德伦常这些价值和价格放在一起比拟，这是把价值数量化、庸俗化。他很难接受，而且他觉得我以学者的身份不应该倡导这种观念。

在回应时，我表示自己是一个社会科学研究者，是带着一种疑惑和好奇的心情来观察人的行为，并且思索这些行为的意义。因此，我所做的，是描述人的行为“是”怎么一回事，而不是论述人的行为“应该”如何。既然只是“描述”而不是“规范”，就可以心平气和地阐释沟通，不需要诉诸于情绪上的反应和做直觉的判断。

不过，更根本的问题——价值像价格一样，是一个很宽广的光谱——却留在我的脑海里翻滚起伏、久久不去。

各种价值都是一个个小的光谱，这种看法在观念上当然站得住脚。不过，和价格相比，价值的光谱在本质上却有一些微妙、但很重要的差别：“价格”是由零、一、二、三到九十

九、一百，每一个间隔都是等距离的，而且在辨认上并没有特别轻重大小的分别。可是，价值结构却并不一样，以伦常这种价值为例：在伦常的光谱上，最外层的是和自己毫不相干、从来不会接触的人，然后是偶尔接触、有几面之缘的人。再往里面移动，是自己的远亲、近亲，然后是父母、手足，最里面是夫妻和子女之情。

在这个由外往里的光谱上，各个点之间彼此的距离并不(一定)一样；而且，越往里，光谱上点的重要性越高。因此，一个人在面对和伦常关系有关的抉择时，会（也许是）不自觉的利用伦常这个光谱的结构来思索应对。譬如，凡是父母子女的事会优先处理，亲戚朋友的事可以稍微缓一下。可是，这种应对方式本身其实就隐含着一种对于利害的权衡和取舍：只要是和父母子女有关，就“毋需思索”；如果是和亲戚朋友有关，就要“稍加思索”。所以，伦常这个光谱的功能，等于是节省了一个人在行为上斟酌应对的心力和时间。有了这个光谱，所有的人在处理人际互动上都可以迅速有效得多。

如果价值的光谱在结构上也隐含着对利害 (成本效益) 的考虑，那么，价值和价格相对关系到底是什么？

自利的光谱

周六中午到幼儿园去接了儿子，讲好先一起去逛书店，再到新公园的儿童游乐场去玩。路上买了一袋点心，我们就先到新公园里的两个老火车头前坐着吃。

看他一口一口、认真地吃了小半袋，一副很享受的模样。我问他，要不要到前面鱼池的桥上去坐着吃，还可以丢一点东西喂鱼。他一手抓紧纸袋口，干脆利落地说："不要。"我知道他生怕少吃了点，就换种说法："你丢一点东西喂鱼，鱼吃了会很高兴，你看了不是也会很高兴吗？"小脑袋琢磨了一阵，然后说："好吧！"

我们就移到池塘的石桥上，小家伙嘴巴不停，但也从袋子里拿出一些小块往桥下丢，引起水面上一阵阵的翻滚。

看着这个情景，回想刚才儿子由一口拒绝到勉强就道的转折，我不由自主地联想到一些抽象的思维。

在经济学的教科书里，典型的"经济人"是一个具有理性和自利这两个特性的生物，经济人会运用自己思索和判断的能力，去追求自己的福祉。对经济学者来说，理性和自利都是非常平实无华的描述；可是，对一般人来说，却很不容易接受这样的描述。尤其是"自利"这个观点，更和一般人的生活经验格格不入：一个人对朋友的照顾，对家人亲戚的支持，乃至于对素不相识人的付出，都很难说是"自利"的。

经济学者对"自利"这个观点的探讨，当然比教科书里三言两语的介绍要深厚得多。"自利"并不是一个单纯、绝对的概念，而是一道范围广泛的"光谱"：在光谱的一个极端上，是只管自家门前雪、拔一毛利天下而不为似的自利，这种自利是一般人认为的"自私"；在光谱的另一个极端上，是完全无我、摩顶放踵以利天下的自利，这种自利，是一般人认定的"利他"。在这两个极端之间，还有无穷多的点，而每一点所隐含的行为事实上都同时包含"自私"和"利他"这两种成分。

虽然极端的自私似乎是损人而利己，极端的利他似乎是损己而利人，不过，追根究底，这个光谱上所有的点在本质上是一样的，都是自利的呈现——只是呈现的方式不同而已。"自私”反映自利当然没有争议。相形之下，“利他”往往是通过造福其他人的方式，间接地满足自己心理上或精神上的期许。否则，当一个人在做像捐钱造桥铺路、扶老幼过街、让座给妇孺等等这些“利他”的事时，难道自己会有不快、羞为人知的感觉吗？还是在做这些事时，一个人会觉得自己是个人格高尚、有可贵情操的人？

“自利的光谱”这个概念显然值得作进一步的琢磨。就个人而言，总是会在这个光谱上前后移动，而不是停留在某一点上。因此，对自己的父母子女，可能比较接近光谱上靠“利他”的极端；对亲戚朋友，可能要离得稍远一些；对于和自己处于竞争地位、利益彼此冲突的人，可能就很接近光谱上靠“自私”的极端——当自己在买股票、房子时，有谁是“不自私”的？

对一个社会而言，当然大家会希望，在“自利”这个光谱上，整个社会的“平均值”是离“自私”的端点远一些，而比较接近“利他”的端点。不过，既然社会是由众多的个人所组成，而每一个个人都是在光谱的两个端点之间移动；因此，期望每一个人都能利他是不切实际的，呼吁大家不要自私也是自欺欺人。比较有意义的态度，或许是先设法弄清楚“自利的光谱”所隐含的结构和所具有的性质，然后再思索改善求进的可能性。

如果儿子手上有一大包零食，我想应该是比较容易说服他去丢一些给鱼吃；可是，如果他只有一小袋点心，我猜他宁愿坐着看火车头都不愿意去造福鱼群。

价值的寄居处

前两天自不量力地接受邀请，到一个政府单位作一场专题演讲，题目是“文化与经济”。我提到，虽然一般人认为经济学是处理和“价格”有关的问题，不过“价格”只是众多“价值”中的一种。广义的来看，经济学其实是“探讨价值结构”的学科。

因为在场听众的素质都很高，所以我又花了一些时间说明狭隘的经济学是专门分析商品劳务之类的“经济活动”。这些买卖虽然只占人们生活里的一小部分，但却是非常重要的一部分。因为以“价格”表现的财富很容易转换成其他的“价值”，而像美丑善恶这些其他的价值却很难转换成别种的价值。

讲完之后，我正低头整理东西，有一位年轻漂亮的小姐走到身旁。她说，她不觉得只有价格才能转换成其他的价值，她可以很轻易地把她的快乐分享给她的朋友，其他的价值显然也是可以转换的。她是不太清楚我的意思。

虽然我的嗓子有点哑，不过既然是年轻漂亮的小姐有问题，我当然分外乐意略陈固陋。我正要开口，旁边又走近一位比我还年长的中年男士。他也有问题，而且话匣子一开不可收拾。原来的小姐看看手表，点个头走了，留下两个大男生——一个谈兴大发，一个面露（假假的）微笑，保持风度。

在回学校的出租车里，我稍稍有点感伤和遗憾地想起刚才价值转换的问题……

一个人当然可以把他的情怀释放出来，让其他人分享他的喜怒哀乐、爱恨情仇，特别是心灵上有交集契合的人，感受更是深刻。可是，这只是近距离、小范围里的“转换”，范围一扩大、距离一拉长，转换的可能性就大幅度地降低。因此，你可以把“正义感”这种情怀很轻易地展现在自己的办公室里，但却不容易让远在天边的人体会到你的心意。

相形之下，以价格表示的金钱（财富）却可以很方便、无远弗届地发挥功能。我可以把钱由台北汇到高雄去，捐给贫户；可是，即使我有满腔的正义感，我能把这份正义感电汇到高雄吗？仔细思索一下，金钱这种价值确实比较容易变成其他的价值：口袋里一千元新台币可以用来买两本书，把金钱转换成知识上的“真”；可以用来捐给公益事业，把金钱转换成行为上的“善”；可以到海边享受海天一色，把金钱转换成感觉上的“美”。可是，如果有满腔的良知、正义感，能不能直截了当地变成真善美呢？

而且，金钱这种价值在辨认、交换、处理上，要比其他的价值容易得多。当我由口袋里拿出一千元的钞票时，所有的人都知道我可以掌握、控制、运用这一千元的资源，也都愿意接纳和承认我的权利。但是，如果我高声声称我心里有一万个单位的正义感，想交换一个苹果、两张戏票，别人愿意承认我的权利吗？别人“应该”承认我的权利吗？当我用一千元买了两本书，书店老板可以拿着这一千元去做别的用途，去创造新的价值。可是，即使我能用心里的正义感换得了一个苹果，我要怎么样把心里的正义感交给水果摊的老板；他“拿到了”正义感之后能做什么用呢？因此，和其他的价值相比，金钱这种价值的运用比较没有争议。正因为比较没有争议，所以以金钱进行的活动可以引申蔓延出其他进一步的活动，也就是创造和累积出更多的价值。

指出金钱这种价值的优点当然并不隐含贬抑其他价值的缺漏，两者之间的对照刚好衬托出彼此的特性。因为金钱明确简单，所以容易处理，也能不断的滋生和成长。不过，金钱这种价值本身应该只是媒介而不是目的：我们透过对金钱这种价值的运用，享受到其他诸多的价值。如果没有金钱财富作为媒介，社会上绝大多数人所能拥有的显然将是很粗糙原始的价值。

坐在出租车里想这些道理当然比和年轻漂亮的小姐讨论无趣得多，不过也许头脑会较清醒一些。这些价值之间不知道该怎么转换？

衬托出的价值

前一段时间有一位大陆留法的学人来台湾收集资料，我顺便陪他四处走走、天南地北地闲聊。有一次忘了是谈到什么问题，提起简体字和繁体字的区别，他以简驭繁地说："写信如果用简体字，一封信可以省下五分钟；一个人如此，几百万个人一累积，可就省下不知道多少可贵的光阴！"当时我随便应和了两句："字体之争牵涉很广，难有明确的取舍。"

再想起那段对话是昨天中午去买便当，站在十字路口等绿灯时。也许是我性情比较急，也许是交通流量大，我觉得等红灯的时间好久，站在路边简直是浪费时间。

想一想，不用繁体字而用简体字，最大的好处是书写省时，而且文字只是用来沟通的符号而已。简体字因为简单和容易推广，所以文化普及的速度要快过繁体字。不过，几千年来累积的文化资产像诗词歌赋等等，都是用繁体字写成。这些资产的内涵将会随着简体字的使用而慢慢萎缩，很可能最后成为只是少数学院派人士的研究材料而已。所以一旦放弃了繁体字，等于是与过去所累积的文化资产划下界限。而且，简体字固然有助于教育知识的普及化，但就因为是“化繁为简”，当然在意义和内涵上要受局限得多，所能发挥的功能当然也就比较有限。

因此，一言以蔽之，简体和繁体之争主要就在于“浅而广”和“深而精”。我不知道别人的想法如何，我自己觉得这是很难取舍的问题，尤其是对大陆那种地广人多的环境，方向的掌握真是不容易。

然而，有趣的倒不只是繁简之间的两难，而是朋友所说“一封信可以省五分钟”的理由。

用简体字写信，每一封信也许确实可以省下五分钟的时间，可是，这本身并没有太大的意义，重要的是被省下的那五分钟如果用来去看书、洗衣服、买菜、想问题，那么简体字的功能就有点像电饭锅、洗衣机、瓦斯炉一样——这些现代科技的结晶让人们只要花过去几十分之一的时间，就做完人们生活中的一些杂事。这些省下的时间使人们可以去做其他更有意义的事，去追求更丰富的生活内涵。而且，就是因为这些现代科技结晶，才使现代妇女可以就业和家庭同时兼顾。

相反的，如果“省下的五分钟”是和生活里大多数零碎时间一样——在轻忽和随便下，不经意地被糟蹋、浪费、蹉跎、舍弃，那么这多出来的五分钟并没有什么价值可言，连带的，简体字的好处也将是过眼烟云、虚而不实。

想得更远一些，这种考虑事实上反映出一切事物（包括时间）的价值所在，任何事物的价值并不是来自它的内涵，而是来自于其他事物的衬托，事物的本身并没有什么意义可言——即使现代科技可以让人们每天只要花一小时在吃喝拉撒睡这些琐事上面，可是，除非人们能为另外的二十三个小时注入新的意义，要不然这些多出来的时间将只是“时间”而已！

我曾经算过，自己一天大概要等五个红灯，每次两分钟，一天是十分钟，一个月是三百分钟，一年是三千六百分钟，等于两天半，我每年花在等红灯的时间就有两天半！不过，我还没有想过，如果能不等红灯，我会怎么样运用这省下来的两天半？或者，我是不是该从生活里的其他事上，想办法省出两天半来？

价值的凝结

也许吹毛求疵、存心找茬是学者的职业病之一，我常常不自觉地质疑报章杂志上映入眼帘的文字和叙述。最近看到两个相近的名词——“生命共同体”和“命运共同体”——心里觉得有点疑惑，但又没有深究。今天下午待在研究室里，没有特别的事，就打定主意要好好想一想，这两个名词的内涵到底是什么？

我先想到了今天早上的一幕：现在我住在学校的宿舍里，是在五层公寓的顶楼。因为是双并式的建筑，所以楼上楼下共有十户，住的都是学校里的老师。这十户里，我认识的只有四楼的老马，我们以前在美国留学时读同一个学校。其他的老师都和我不同学院，原来也都不认识，住进来之后，也只有在楼梯上迎面遇到时才点头打招呼。今天早上下楼时，刚好有一位楼下的老师也正要出门。虽然我就在他身后相差不过四五步左右，他也听到我的脚步，但是他并没有回头打招呼。我们一前一后下了楼梯，他进地下室的车库，我从大门离开。

我心里有一点点的遗憾，但并不特别难过。这不是头一回，类似的情况已经出现过很多次。不过，我的情形大概也不是什么特例，在都市里，这应该是常态。我起码还知道住在同一栋公寓里的人都是学校里的老师，以前住在另一个公寓时，有三四年的时间我不知道住在正对面的人职业是什么。

可是，虽然我跟近在咫尺的人形同陌路，我却跟相隔甚远的一些朋友热络得很。我住在台北，可是在高雄和台中都有非常好的“斗友”——抽烟斗的朋友。认识他们是因为烟斗，但是熟了以后也就天南地北、家庭人生的无所不谈。我们不常碰面、也少联络，有时候半年十个月不通半个电话，但是一碰面、一接电话，马上熟稔得很。有事需要帮助，往往是接到传真之后立刻动员。

两相对照，显然有点意思：我和住在同栋公寓里的人并没有福祸与共的感觉，但是却因为嗜好而和百里之外的人有感同身受的情怀。

而且，不仅我的情形如此，现代社会里各种登山社、茶道会、牌友社等等，不都是因为一起活动而结合的吗？因此，如果“生命共同体”或“命运共同体”有任何意义的话，指的应该不是人在“地理上”或“幅员上”的结合，而是“活动上”或“功能上”的聚集。如果要借着培养“小区意识”来雕塑生命（命运共同体），显然很可能会徒劳无功——因为“住”在一起的并不表示会在一起“活动”。（现在的小区委员会大概只负责处理安全、停车、垃圾等住户共同的问题，而很少做其他活动上的安排，理由或许就在此！）

进一步的想，如果培养生命（命运共同体）是在于孕育共同的情感，目的是要琢磨出团结一致的精神、追求共同的目标，这似乎又回到过去皇权时代，那种由上到下呼吁、规范和约束的模式。活动上、功能上的结合似乎应该有更深刻的含意。

泳会、烟斗族、舞蹈团里，因为要办活动，所以不可避免的要有人出钱、出力，因此，某种形式的组织和规则会逐渐出现。而且，虽然彼此之间可能会摩擦计较争风吃醋，但最终会在安抚妥协里慢慢地找到和平共存之道（要不然就拆伙另起炉灶？）。所以，所有的这些社团活动都隐含了一个非常重要的“副产品”，就是大家渐渐地锻炼出处理共同（公众）事务的能力和习惯。当这些小团体成长扩大之后，大家就有机会处理范围更大、复杂程度更高的问题——一个大家所向往的、含有多元价值的市民社会，也就在这个过程里悄悄地成形了！

我不知道自己有没有想清楚这个问题；不过，我知道，即使住进宿舍已经快一年了，我还没有机会跟一半的邻居讲过半句话。

最适值的存在

几年之前我因缘际会，接受了“行政院卫生署”的委托，研究一个很实际、也很重要的问题：政府（“行政院”）对民众健保在财务上的“最适补贴”应该是多少？

民众健保的经费来源主要是投保人自己缴纳的保费，以及雇主分担的部分。因为过去政府对劳保、农保和公保都各有不同程度的补助，所以，民众健保这个涵盖国民的新制度也会有类似的安排。因为民众健保所牵涉的经费非常庞大，所以“行政院”想了解一下，到底对这个制度补贴多少钱是“最适的”？

对于我来说，找出一个具体的补贴数额固然是最后的目标，不过最吸引我也最让我觉得好奇的，是怎么样去“想”这个最适补贴的问题？我饶有兴味地开始看相关的文献，也拜访“主计处”、“卫生署”相关人员，希望能找到有意义的着力之处。

由一些国家的数据里，可以看出在已经实施民众健保这种社会福利措施的国家之中，政府支出的数额受到一些因素的影响。像人口数、人口结构、国民所得、医疗涵盖范围、给付制度等，都会影响到政府的支出。不过，这是其他国家的数据；如果根据这些数据就直接推算出我们的政府所应该补贴的数额，就有点像“其他国家有多少核子弹、艾滋病，所以我们也应该有多少的核子弹、艾滋病”的论点一样好笑。

经过一段时间的思索琢磨，我发现问题的根本其实是很抽象的一个观念：既然政府的预算可以用在治安、交通、教育等不同的项目上，而且一旦花在民众健保就不能花在其他的用途上。因此，追根究底，关键所在就是民众健保这种“价值”和交通、治安这些“其他价值”之间如何比较和取舍？

虽然在观念上，教育、治安、民众健保等是不一样的价值，可是，在现实社会里要怎么样衡量这些价值？怎么样比较这些价值？这些价值又是怎么样呈现出来的？我想了许久，也慢慢地有一些体会。

仔细地想想，“价值”总是借着某种方式所反映出来的。譬如，水没有绝对的价值，水的价值是因人而异。但是，通过交易，水的价值就反映在“自来水的价格”和“矿泉水的价格”这些指标上，这些指标间接地、局部地反映出水的价值。同样的观念，治安、教育等公共劳务的价值，只能间接地反映在立法部门通过的预算，以及行政部门的花费上，而且，所有呈现出来的价值都是一种逼近值。譬如，政府部门对各个单位员额是按照一套规定编列，但是各部门和各单位所面临的情况并不一致，却要受到同样的约束，因此同样的编制只能说是“希望”接近真实的需要。事实上，政府的主计部门在审核各部门的预算时，是根据各个阶层的承办人员所做的一系列判断，通过这一连串的审核所过滤出来的预算数字，当然也只是一个逼近值，“希望”能尽可能地接近政策上所定的目标。

由这个角度来看，补贴民众健保的“最适值”其实并不存在。如果一定要定下一个数字，那么，3%、5%、8%的补贴都可以。在某个范围之内，这些数字可能都一样好，或一样不好。而且，无论是采取哪一个百分比，这个补贴额度的好坏，还是要看其他条件的配合而定。如果民众健保制度运作正常，补贴之外的经费运用得宜，那么8%的补贴并不算多。相反的，如果制度不上轨道，经费浮滥虚矫，那么3%的补贴也嫌多——一件事物的价值，是由其他相关的条件所衬托出来的。

如果“最适的补贴”并不存在，那么“最适的价值观”、“最适的风俗习惯”也不存在吗？

第 3 章

一加一不等于二

如果有人认为“一加一不等于二”，怎么办？这个人大概精神有点问题，该送医院检查；或者，这个小朋友的算术没学好，要请老师再费心一下。

可是，提出这个问题的人并不是精神异常的病人，也不是观念不清的幼童，而是学养智慧已经登峰造极的诺贝尔经济学奖得主布坎南 (James Buchanan)！

布坎南手创“公共选择”这个学门，以经济学的分析工具探讨处理众人之事的问题（“公共”所做的“选择”），因为对经济学和政治学都产生了深远的影响，终于得到经济学的桂冠。他把毕生体会所得谈笑用兵地一言以蔽之：“如果有人认为‘一加一不等于二’，怎么办？”

布坎南认为，我们在市场里买东西时一手交钱一手交货，这是一种“交换”。在处理众人之事的时候，也是“交换”；我们放弃某些自由，缴一些税捐，得到的是政府提供国防治安的保障，还有交通教育等的建设，这显然也是一种“交换”。而且，政治过程的交换还有一层比较抽象的意义，一个人愿意守法纳税，因为这么做可以“换得”别人也守法纳税。大家等于是签订一纸“契约”，每个人都根据契约内容尽义务，并且享受权利——就像市场里的买卖也是契约一样。只不过，市场里的契约大多是一对一，而政治过程的契约必然是“众人的契约”。

既然是“契约”，一定是合则两利；既然是“众人的契约”，一定是大家都能均蒙其利。可是，连夫妻都还偶尔会“冤家”，更何况一样米养百样人的各式人等。而且，大家好尚殊异之外，可能有些人就是情绪化、不可理喻、盲从、不知黑白——认为一加一不等于二——众人的契约怎么可能形成？即使勉强形成，又怎么可能维系不坠？

这正是布坎南的贡献所在。他认为，一方面众人之事有很多的面向，任何一件事往往有利弊得失共存互见的多种情况（中央集权有中央集权的好处和坏处，地方分权有地方分权的好处和坏处）；另一方面，每个人的背景立场不同，自然会有不同的利益和好恶。（农民和农政主管机关自然都赞成限制农产品进口，保护农业。不过，如果同意农民把农地变更为建筑和工业用地，把农政主管机关裁撤，所有人转往其他单位并连升三级，相信他们对农业的态度上会迥然不同！）因此，当有人认为“一加一不等于二”的时候，也许就不值得在道德上论断对方的动机，或者努力证明对方观点的荒谬可笑。比较好的做法，是承认彼此的好恶不同（承认“一加一不等于二”），然后在这个基础上进行交往，希望能透过沟通、协商、论对、妥协，找到双方都能接受的交集。

这种观点可以作进一步的引申。处理众人之事可以分成两个层面：“结果”和“方式”。众人所做的选择是结果（不论是采取中央集权或地方分权），选择的过程是方式（以公民投票或者制宪的方式决定是中央集权还是地方分权）。结果固然重要，更重要的其实是方式，只要众人都支持处理众人之事的方式，那么，不论结果如何，大家都愿意接纳和承担。

处理众人之事的“方式”隐含的不只是选举代议这些狭隘的游戏规则，而是更根本的对众人之事一种共同的看法，对于众人之事的范围（宗教信仰是可以受公议的吗？堕胎只是个人的私事吗？），处理众人之事的做法（直接民主或间接民主？），以及不同利益的调和（表决输了的少数该负担所有的税负吗？）等，这些关键问题的一种共同认知和谅解。

长远来看，台湾地区频繁而且密集的各种选举，可以说是一种大家一起经历的“通识教育”。透过每次选举的论对、摩擦、冲突、渲泄，希望能在各种议题的争议里慢慢淬炼出处理众人之事方式上一种共同的体会。那么，即使每个人的心中之尺不同，如果能由这些不同的心中之尺烘托出扎实稳定的“交集”，显然就足以维护和支持任何契约、任何结果！

如果有人认为“一加一不等于二”，怎么办？

一加一不等于二的逻辑

前几天应邀在报纸上发表一篇评论，谈选举的意义。我用的题目是《寻找心中那把尺》，编辑在旁边加了一个副标题“如果有人认为‘一加一不等于二’，怎么办？”

文章刊出之后，第二天报纸上登了一篇读者的“回响”，这位读者在短短的回响里有这么一段话：

因为如果我们接受了“一加一不等于二”，而让它等于三，那么人们长期倚赖的数学定律甚或生活规律，就必须全盘改写，代价太大了（这也是经济学！），包括递移律、恒等式定律、减法与乘法（均源自于加法），以及现代人几乎不可或缺的计算机等等。

这位读者显然认为，“一加一等于二”是简单自明的道理，如果不承认这种客观价值，我们将陷入一种无所适从的混乱状态里。

就某种意义上来看，我当然同意投书读者的意见；不过，一加一是不是等于二的意义，事实上要深远得多。

对于每一个人来说，由从小长大的经验以及学习过程里，都会认知、了解、并且接受一些“因果关系”：下雨时不带伞会全身淋湿，在繁忙的十字路口看到红灯要停下来，拿起电话要先按号码才能通话等。这些因果关系里最直接、最没有争议的，可以说就是和物理、化学、数学有关的常识：拿百元大钞买五十元一瓶的牛奶，会找回五十元；泡茶要用热开水而不是冷开水；要用铁槌而不是玻璃瓶来钉挂钩等。所有的这些道理，可以说都是人尽皆知、人尽皆从、类似于一加一等于二的“客观价值”。

可是，生活里的许多环节，并不全然是由客观价值所组成。当人和人相处的时候，必须一起处理一些共同面对的问题：垃圾要往哪里倒？要有几年的国民教育？治安要花多少钱？所得税要累进到什么程度？等等。

在处理这些问题时，当然最好有简单明确、如同一加一等于二的指标可以遵循依恃。因此，如果能经由某种方式，找到足够的数据“证明”垃圾场放在哪里最好，问题自然消失。可是，虽然这种找数据以论证是非的努力值得尽可能地去尝试，但是必然有其极限。对于数据的正确与否、完整与否，总有见仁见智的空间。何况，评估是非高下有很多价值，而每个人的取舍着重往往大不相同——有人认为垃圾场设在郊区会破坏自然景观；有人认为垃圾“掩理”而不“焚化”才能永续生存！

显然，当处理共同问题的客观价值（一加一等于二）不存在时，如果还停留在论对彼此的是非上，不但无济于事，甚至可能欲益反损。这时候，追寻一种较高层次的“客观价值”可能才是较好的出路。

当共同事务本身的客观价值发生争议的时候，可以把注意力转移到处理问题的“方式”上。即使每个人对垃圾场设在哪里有不同的看法，只要大家同意以表决、抽签、专家评估、或任何一种方式来决定设置地点，那么，无论最后选在哪里，因为大众支持“处理的方式”，自然也就会支持“处理的结果”。

对于“方式”的选择，当然又牵涉到“一加一等于二”这种客观价值：在众多可能的方式里，到底哪一种是最好、或比较好的方式呢？对于垃圾场要设在哪里，用投票的方式决定或许没有争议，可是，对于垃圾场的建筑、材料、规模、格式，也能以投票的方式决定吗？还是最好由专家决定？如果大家的看法不同，怎么办？因此，追根究底，对于“方式”的选择事实上也不一定有明确简单的客观价值可以依恃，还是必须诉诸于彼此之间的协商折冲。当大家都（可能是勉强）接受某种方式时，在某种意义上，那就是“最好的”方式；不过，这显然是基于互相的容忍和共识，而不一定是根据客观的“一加一等于二”。

当有人认为“一加一不等于二”的时候，或许关键并不是逻辑的问题，而是如何在有些人认定“一加一不等于二”的基础上，找到能和平共存的途径吧！

一加一不等于二的真相

对于基督徒而言，人类的故事是从夏娃在伊甸园里偷吃了一颗苹果开始。对于经济学者来说，人类的故事却是从鲁滨逊漂流到孤岛上展开。

当鲁滨逊漂流到岛上之后，无论他过去是多么叱咤风云、不可一世，现在必须完全自食其力。或者逐水草而居，或者截木为梁、扎草为篷；或者狩猎捕鱼，或者耕耘收割。他总要找出自己能安身立命的方式。不过，不管他怎么安排，在这个唯他独尊的世界里，他就是他，一就是一，简单、清楚、明确。

当星期五出现之后，鲁滨逊的世界就起了重大的变化。经过一段时间的摸索、尝试、冲突、妥协，两个人（很可能）琢磨出合则两利的共处之道：长于（或乐于）捕鱼而拙于狩猎的鲁滨逊开始专注于结网操舟，才慧性情刚好相反的星期五从此投身于山野林间。然后，两个人共同分享各自的收获。而且，和两个人各自独立生活时，自己既要狩猎又要捕鱼的左支右绌相比，分工之后的专业化使两个人能享受到比以前自己一个人独处时更多的果实。因此，通过合作、借着分工，两个人所拥有的资源要超出两个人个别所能掌握资源的总和。一个人加一个人是两个人，但是从某种意义上来看，一加一显然不等于二，而是大于二！

一加一不等于二的意义当然值得稍作咀嚼。和一个人独处的世界相比，在两个人的世界里，每一个人不仅是“为自己而活”；每一个人的作为里，可以说有一部分是“为另外那个人而做、为另外那个人而活”。一个人的身上，除了自己之外，还包涵着另外一个人的一小部分。因此，在“你泥中有我，我泥中有你”的情形下，一不再是一，而是大于一。换一种角度来看，在两个人的世界里，一个人等于是把自己的一部分托付给另外那个人，通过另外那个人的施展，做到了自己毋需或不能去做的事。所以，当一个人把自己延伸出去，寄托到另外那个人的身上时，一不再是一，而是大于一。

由鲁滨逊和星期五两个人的世界推展到现代工商业社会，两者的面貌虽然有天壤之别，但是，在观念上其实是相通的：鲁滨逊和星期五的合作关系是一种“交换”，鲁滨逊用一部分捕到的鱼，换得星期五狩猎而得的一部分；同样的，在工商业社会里，绵密繁复、几乎无所不在的市场网络，更是犹如恒河沙数般的交易（交换）所组成、所支持。

对于这个网络上的任何一个人而言，他本身可能只从事很简单的一项工作，而把其余的责任托付给网络末稍万千个不知姓名、不可胜数的陌生人，但是，透过这个交易网络，他（她）却能享受到所有其他人努力的果实。另一方面，虽然他自己可能只做出一丁点微不足道的贡献，可是整个交易的网络事实上就是涓滴积累之后才形成的。其他的人也直接间接地享受到自己的付出。经由这个网络的触伸蔓延，我泥中有千千万万个不同的你，你泥中有千千万万个不同的我。借着这个网络的联结拓展，我延伸到天涯海角的别人身上，别人也延伸到素昧平生的我身上。“地球村”里的人所能成就的，岂是几十亿个各自独立的鲁滨逊所能望其项背。一加一，难道只大于二吗？

当然，这个交易网络的滋长扩充不全然是正面的。一旦这个网络因为某种偶然因素而产生波动起伏，一个角落的问题可能会延伸到网络上的另外一个角落，而使一些人无辜地受到冲击。不过，这只反映出值得采取某些措施，使这个网络比较能趋福避凶，而不是意味着这个由一加一、往上累积增值的发展方向有任何问题。

有人认为：天空是人类的极限。不过，人类所设计制造的宇宙飞船已经冲出太阳系，航向天空之外，这岂是一个个的鲁滨逊所能想象到的。这么看来，一加一等于二吗？当然不是！

刻画心中的那把尺

虽然公平、正义这些字眼是我们日常用语的一部分，一般人也往往觉得一个公平正义的社会是值得追求的目标。可是，到底“公平”、“正义”的内涵是什么？如果公平正义是有意义的概念，怎样才能具体实现这些概念？

历史上有很多思想家、政治学者、道德哲学家都处理过这两个棘手的问题，而且莫衷一是。近年来，一些（不甘寂寞、不自量力、夜郎自大的）经济学者也开始认真地思索这些问题，而且已经慢慢地形成共识。

经过研究，经济学者发现，“公平”、“正义”在本质上其实是空洞的概念，没有任何绝对、一般性的通则能界定公平和正义。这点体会可以用一个很简单的例子来反映：医院里有很多病人等着换肾，当有一颗健康的肾出现可供移植时，谁应该先得到这个换肾的机会？根据什么原则决定优先次序是符合“公平正义”的？

对于等着换肾的人，显然可以用很多指标来分类：年纪大小、手术成功率高低、等候时间长短、负担费用能力的强弱等。采用每一种指标来安排先后，都有各自的道理：年龄大的应该先换，因为来日无多；年龄小的应该先换，因为可以多用几年。可是，我们显然找不到一个能放诸四海而皆准、能说服所有人的规则，可以完整精确地实现公平和正义！

对公平正义的探讨，经济学者得到的第二点心得，是“公平和正义”是一种地域性的概念，只有在小范围里才有具体的内涵。在换肾的例子里，到底最后优先次序如何，其实要看环境里的价值观如何。因此，在一个重视敬老尊贤的社会里，可能年龄大的人优先程度较高；在一个强调机会均等的环境里，可能先排在等候名册上的人可以先上手术台。无论怎么安排，周遭相关的人所认定和着重的价值，就会决定哪一种做法是他们所认为合乎公平正义的。

以经济学者的这两点体会（没有绝对的公平正义、公平正义的内涵是由环境里的条件所衬托出来的）来看选举，事实上有相当的启示。

不同政党所代表的，可以说就是不同的价值。每一种价值都有值得肯定的理由，但是没有任何一种价值是绝对的、是一定凌越其他价值的。当然，关键的问题是，即使每一种价值都有值得肯定的地方，可是，选举的时候每个人只有一票，怎么样才能兼顾这些不同的价值呢？

其实，就像换肾先后次序的安排一样，在没有绝对公平正义的情况下，相对的公平正义是由环境里的价值观所衬托出来的。每个选民可以根据自己的判断，选择自己目前最重视的价值（安定、本土化、制衡或其他），然后，选票汇总之后，就粗略地呈现出在现阶段里各种价值的比重。因此，选举不是、也不该是追求或实现绝对公平正义的工具，而是一种反映环境里价值观的过程。而且，当每个选民在选择其中一种价值的时候，并不是忽视或否认其他的价值；而是在一人一票的限制下，选择一种现阶段自己认为“相对重要”的价值。在下一次的选举里，当然根据当时的判断，调整自己的着重和取舍。

抽象一点儿想，经济学者对公平正义的体会当然不只能运用在选举投票上：因为没有绝对的价值可以依恃，所以每一个人都得琢磨自己的心中之尺。对于美丑、善恶、是非、对错等，自己要慢慢摸索出心中之尺的刻度，然后面对生活里的每一个环节、生命中的每一场试炼！

第 4 章 金钱的诱导

老子的《道德经》里有一段话是："智慧出，有大伪。"这句话的大意是：人的心思非常机灵巧绝，一旦受到刺激或引诱，往往会衍生出和原来恰恰相反的举止。

不过，老子的这段话可一点也没有铜臭味，不像现在。

为了应付日益增加的青少女怀孕生产的问题，美国科罗拉多州一个小镇里的妇幼医院最近推出一种新的措施：只要这些未成年的少女参加每周一次的聚会，或者保证过去一周里没有怀孕，或者如果有性行为的话也采取了避孕措施，那么她们每个星期可以得七美元的现金——当一天的乖女孩得一美元的奖金！

对于这种做法，其他的人当然觉得不以为然！如果这个趋势继续下去——一切都必须以金钱作为诱因——道德、规范、品性、人格，不都迟早会向金钱低头吗？人的尊严何在？可是，比较了解内情的人指出这种以金钱为诱因（诱饵）的曲折所在：在有些美国的大城市和市郊，暴力和毒品已经泛滥得使青少年失去了对未来的憧憬和期望。对有些女孩子而言，怀孕生子，成为一个母亲就变成了她们找回一点儿自尊的一种方式。所以，为了遏止这种日趋恶化的劣势，只好采取一些明快有效的作法。用金钱来影响行为就是最直接的方式，即使谁也不敢预测长远的影响将会如何。

不过，不论短期和长期的影响如何，这种以金钱来诱导行为的做法到底意义何在？

就观念上来说，以金钱作为诱因来诱发“好的行为”并没有什么不对。市场里的千千万万种商品，就是以金钱这种利润动机所诱发而呈现出来的。那些日新月异、极尽机巧奥妙之能事的各种电子用品和“个性化商品”，也无不是厂商为了讨消费者的欢心而作的取悦逢迎。因为有利润动机，所以更新、更好的产品才会源源而出，事实上金钱可以诱发出“好的价值”。

当然，市场机能的特性之一，本来就是在于能通过交易和竞争而筛选出好的产品。可是，人和人的交往不全然是单纯的一手交钱、一手交货，而且，一个人对行为上的取舍，也多半是基于道德教化上的自我约束，而不是基于金钱上的考虑。

可是，这事实上也正反映了以金钱来影响和诱导行为所值得思索的一点：在过去的农业社会里，人所能生产创造出来的资源非常有限，因此，在分配和运用这些资源时，往往不是借着市场机能而是诉诸于伦常关系。伦常关系的维系就隐含着一种道德观念的培养和教条规范的内化。人在决定自己的行为时，会很自然地反求诸己而在道德规范上取舍。

当市场机能的发达和经济的进展创造出更多的资源时，人会自然而然地利用充沛的物质条件。过去是“养不教、父之过”，现在则是由学校教育和社会教育发挥了相当大的功能；过去的贤妻良母是在家里洗手作羹汤，现在的时代女性可能更愿意事业和家庭兼顾。所以，在物质条件越来越丰沛的环境里，以道德规范来影响和调节行为的重要性逐渐降低。代之而起的，是以其他的指标（包括金钱上的考虑）作为取舍行为的参考。这是一种趋势，值得注意，但不一定值得嗟叹。

老子的“智慧出，有大伪”其实只讲了一半，“大伪”出现之后的下一个阶段会是如何，可能才是真正值得思索玩味的。

自利与理性

这两年有机会在学校附设的推广教育上课，教各级政府的一些中上级行政人员。学员们多半在三十五岁到五十岁之间，都已经有相当的阅历，在上课讨论时也多能以实务经验侃侃而谈。

我教的是经济学，希望能提供学员们一种和他们所习惯的不太一样的世界观。因为学员们比大学生和研究生成熟得多，所以我觉得教起来很轻松。不过，跟大学生和研究生相比，这些学员们最大的问题就是他们好像已经有一些成形的观念。

最常有的是一种可以称之为“章回小说式”的世界观：虽然我们即将跨入 21 世纪，不过，我们身处的世界基本上还是像过去《三国演义》、《水浒传》、《七侠五义》、《四郎真平》等这些章回小说和漫画里所描述的一样——胜者为王、败者为寇；天下大势，合久必分、分久必合；帝王之业就在于纵横捭阖、统率群伦。

抱持着章回小说式世界观的人往往很讲义气、也重道德。朋友有难、义无反顾；忠孝之家、必有余庆。不过，社会上大部分的人都不是帝王将相，平常生活里也不是常有群雄并起、捷足先登者得之的局面。而且，一旦追问为什么要“讲义气”、为什么要重“道德”时，章回小说式的世界观好像就有点捉襟见肘，不知道该怎么应对。

另一种也很常见的是“义和团式”的世界观。这种世界观有好几种层次，最粗糙的是直觉式的排外：中国或东方文明重精神，西方文明重物质；精神为主，物质为末，所以应该以中华五千年文化精髓为本，抵御或制服西方文明的浪潮。比较精致的是一种反省式的观点：过去中国社会的地位是“士农工商”，商居最末是有道理的。今天西方资本主义社会产生贫富差距悬殊、环境资源受到破坏、年轻人纵情享乐等等，都是强调资本主义的后果。我们毋需唯西方马首是瞻，而应该思索适合我们自己的道路。

不论粗糙或精致，义和团式的世界观基本上排斥源于西方的一切，包括科技、市场经济、西方所发展出的社会科学（还有英文教科书）。不过，我常请教有义和团倾向的人：人类历史上典章制度发展得最深厚，一般社会大众享有最多经济和政治自由的，往往就是以资本主义市场经济为主的国家。今天台湾民众的政治权利越来越完整，是因为我们已经累积了足够的物质基础，可以在享有经济上温饱富足之外，进一步争取政治上的权利，还是纯粹是“民主斗士”的贡献？我通常看到一些不服气、但又讲不出道理来反驳我的脸庞。

比较没有草莽气、也比较不排外的是一种“蜻蜓点水式”的世界观：人生所面对的人事物太多和太杂，所以只好以一些由经验里提炼出的生活智慧来认知和应对。在家里当然还是父慈子孝兄友弟恭，但是在工作环境里，如果需要也可以以约翰、玛丽来彼此称兄道妹。还有，不一定要“以德报德、以直报怨”、“人不知而不愠”；在这个人吃人、狗咬狗的世界里，为了提高或保持自己的竞争力，不妨采取“以牙还牙”、“自我推销”的策略。

对于生活里的各个环节和人生际遇中的各种情况，蜻蜓点水式的世界观都有点点滴滴、自我一格的智慧来应对。不过，这些小智能只是片断琐碎的“点”，而不是彼此联结、互相互应的“网”；在这些个别点的背后，也没有一个更根本的道理一以贯之。

和这些不同的世界观相比，我在课堂上所反复铺陈的观念，其实很简单：我们所看到的任何社会现象都不是凭空出现，而是有意义的。因此，值得试着去了解形成这些现象背后的原因是什么。而且，人的基本特性就是“自利”和“理性”，人是能思索、会思索的一种生物，人会试着去追求自己的福祉。根据这种对人的特性所具有的认知，再琢磨推敲一下环境里存在的一些条件，往往很容易地就能解释我们所观察到的现象。所以，从人是理性和自利这两个简单平实的概念出发，我们可以一以贯之的认知、了解、掌握和分析我们所面对的这个世界。

当然，人是理性和自利的这种观点很不见容于推广教育的学员们，每一班我都要花相当多的心力、口舌、时间去说服。不过，经过一个半月左右的排斥和挣扎之后，学员们似乎就开始慢慢地受到影响。有很多学员告诉我，自从上了这门课以后，视野变得比以前宽广，自己签公文时都感觉得出来这种转变。有的学员说，自己觉得比以前成熟，连办公室里的同事都觉察出一些转变。

我听了当然很欣慰和得意。不过，我自己却偶尔会怀疑：现在我对于自己的观点有相当的信心，可是，五年或十年之后，我是不是还维持着同样的世界观？

隐私权的价值

人非圣贤，每个人都会犯错，因此，也都应该有重新来过的机会。而且，浪子回头金不换，所以，愿意洗心革面的人，永远应该有放下屠刀的机会。然而，对于那些屠刀没有完全放下，也还不一定完全回头的浪子，环境应该给予他们多少的宽容和谅解呢？

当一个人犯了错，被判罪，服刑完毕出狱之后，如果搬进一个安静祥和的小区，他（她）是不是有重新开始的权利？当地的治安单位是不是应该被知会？小区的居民是不是有“知的权利”？

对于犯错的人而言，往者已矣，过去的事最好成为尘封的历史，由一张白纸再出发对自己、对别人都好。对社会而言，芸芸众生里本来就会有少数的特殊分子会违法犯纪，这些人越轨受罚是自作自受。但是，一旦他们受完惩戒，社会当然应该让他们有重新开始的机会。让周遭的人知道这些人的过去，等于是在他们的脸上烙下红字，也就等于是要逼这些人自暴自弃、重操旧业。所以，翻旧账的做法并不可取。

不过，在当事人和社会这两个极端之间，还有很大的空间，对于处在当事人身边的那些人而言，他们是不是会有同样不究既往、与人为善的态度呢？

如果小区里搬来一位有“娈童症”前科的人，其他的居民难道不应该被提醒要多注意自己子女的安全？如果小区里搬进了一位“暴力型犯罪”的累犯，难道其他的人不该提高警觉，免得平白无辜地成为下一个受害人？将心比心，如果自己是处在那种环境下，谁不会担心自己、自己的子女、自己亲人朋友的安危？

因此，相形之下，一个人掩藏过去、重新开始的权利，显然并不是“绝对的”。个人的“隐私权”必须和其他人所可能受到的影响相互对照之后，才有意义。对于犯错程度轻微（像顺手牵羊、逃漏税）的人，或许可以享有完全重新开始的机会。对于那些可能伤害其他人（像纵火、酗酒驾车）的前科犯，也许小区的治安单位应该接到通报。对于那些可能会造成周遭人明显而严重伤害（像娈童、暴力伤害）的犯人，所有小区居民似乎都该了解状况、有所警惕。

“出狱犯人”的故事当然还有更深一层的意义：在思索现代社会里一个人所可以、所应该享有的自由和权利时，不能只针对“这个人”来考虑，而必须以这个人的自由和权利对其他人的影响作为衬托，才能得出轮廓。“天赋人权”并不存在，人权的实质内涵是由人和其他人在交往互动过程里所慢慢琢磨出的“结果”，而不是天生的、给定的。所以，同样是人，在太平盛世、物资丰裕的环境里，“可以”享有工作、财产、免于恐惧、免于匮乏的权利。但是在兵荒马乱、连年战祸的时代，连人命都很可能渺小如纤苇草芥，更遑论人的尊严和权利。

事实上，不只一个人的价值是由其他人的价值所衬托，任何一件事物的意义也都是在其他事物的烘托对比之下，才有具体的内涵。扶老太太过街的可贵，在于大部分的人不一定会伸出援手；父慈子孝值得珍惜，是因为大部分的时候父子之间不一定是这么融洽。所以，在“人”的世界里，只有相对的价值，而没有绝对的价值！

如果犯人的权利是和其他人的权利对照之后才有意义，那么当时空条件改变之后，是不是有些原来“犯罪”的行为现在已经不算是过错，而有些原来不算“犯罪”的行为现在变成触法犯纪？

有形和无形的规则

前几天受邀到一个训练中心，为一个短期的集训班讲两个小时的“思考方法”。我事先选了自己写的十篇短文请学员们看，然后在上课时再逐篇讨论，我认为这么做要比由我一个人凭空高论有效得多。

十篇文章里第一篇的篇名是《买路钱的联想》：台北市最近为整顿交通，在有些快车道两旁列出“行人穿越快车道罚款三百六十元或接受两小时交通秩序讲习”的告示。我在文章里指出，过去穿越快车道的价格是“零”，交通秩序的维护是依赖行人在道德上自我约束，现在穿越快车道的价格是三百六十元，每个人除了面对道德上的束缚之外，还有价格上的约束。

我请学员们表示意见，其中一位年轻人站起来以几乎是义愤填膺、正义凛然的语气说：“这篇文章的作者是非不明（他没有注意到文章的作者和站在前面上课的是同一人），‘道德’和‘法律’根本是全然不同的两回事，怎么可以相提并论！”

这当然不是我第一次碰上这种场面，所以，我心平气和地谢谢他的意见。不过，我说：“暂且不管道德和法律是不是真的是南辕北辙，但是，即使道德确实比较崇高，值得我们思索的问题是：‘道德到底是什么？’‘道德的作用或功能是什么？’‘哪些条件会影响道德的内涵？’”

学员们一片肃然，好像没想到这门“思考方法”的课会和“道德的实质内涵”扯上关系。事实上，在我的脑海里，也犹豫要不要追根究底。

道德，其实可以看成是在行为举止上自我约束的一种“规则”，而“规则”的内涵可以由最简单的情形开始考虑。在一个人自处的世界里，他（她）可能会为自己设下一些要遵守的“规则”。譬如：不熬夜、不说谎话或不说实话、不吃甜食、不在下雨的时候出门等。这些规则一旦成为自己内在的规范，就具有“道德”的内涵；当自己逾越这些规范时，心里会有犯错的憾恨或自我谴责的罪恶感。同样的，夫妻生活在一起也会发展出一些类似的“规则”。譬如：赚的钱放在一起后平分、太太做饭先生洗碗（或相反）、吵架不能超过一个星期等。两个人会慢慢地摸清楚，只要两个人都遵守这些规则，那么两个人的日子都能过得愉快一些。因此，不论是一个人自己订下或两个人琢磨出的规则，这些规则或紧或松，都是在规范行为，差别只是在于“自己的”规则和“两人之间的”规章。

人多的时候情形当然复杂得多，因为共同面对的问题要多得多。人多的时候一方面要解决交通的问题（路由哪里过、公路还是铁路）、治安的问题、环保的问题、教育的问题等等。另一方面，人多的时候，人际之间交往所发生摩擦冲突的机会也逐渐增加。（餐厅里人少时讲话要多大声都可以，人多时就不行；只有在等车的人多的时候，才有排队和礼让的问题。）所以，为了处理这些问题，就会自然而然地发展出一些有形和无形的规则：有形的（外在的）规则就是“法律”，无形的（内在的）规则就是“道德”。

然而，无论是有形的法律或无形的道德，都是一种“规则”。因此，也就具有所有“规则”的性质：规则是人定的，所以不是“绝对的”，是可以调整的。而且规则本身绝不是“目的”，而只是为了实现某种目的所设计出来的“手段”。也就是说，道德和法律这些“规则”只是一种“工具性”的安排，会随着时空条件的改变而主动和被动地调整。

对于那位学员的质疑，我终究没有追根究底，而只是点到为止。这倒不是为了怕在言词上伤害那位朋友，这纯粹是为了时效上的考虑——这是我为自己订下的“规则”。

工具性的安排

上午第三、四堂课是研究所的一门专题讨论，几个人落座在小教室里，由一位研究生负责报告教科书里的一章。

今天的进度是关于“规范”的源起：在人与人相处的过程里，会慢慢地衍生出一些大家都遵守、约定而俗成的规矩习惯。这些规矩习惯隐含着一套奖惩，遵守的人受到肯定鼓励，违反的人则受到批评指责。而且，规矩习惯几乎充塞于生活的每一个面向。和长辈上司谈话时的遣词用字和神情举止固然有轨迹可循，面对朋友和生人时态度言语上的亲疏差别也都有拿捏分寸。

对于这些无所不在的规矩习惯，也许大部分的人都知其然而不知其所以然，但也都安之若素、依样画葫芦。经济学者倒对“规范”的出现和意义提出一种很有趣的解释：有了规范，使大家在行为上有明确的“参考点”可以遵循，也就能使彼此交往上呈现出一种秩序。所以，规范具有“功能性的内涵”，是人们为了自求多福而有意无意设计出来的。因此，规范可以说是一种“中性”的典章制度，并不是绝对的、不可侵犯、不可逾越、或不可改变的！

听着研究生认真凝神地报告，我的思绪突然离开了整洁安静的教室，而回到昨天下午喧杂热闹的棒球场。

昨天是星期天，下午陪大学部的导生去看职业棒球，时报鹰对兄弟象。这是周末三连战的第三场，加上有后援会庞大的兄弟象上阵，所以内外野全部坐满了人。两边的拉拉队各据一方，不断地以锣鼓、小喇吧、汽笛、歌声和呐喊声助阵。当时报鹰先驰得点、兄弟象再后来居上的那一刹那，全场情绪沸腾、欢声震天。难怪体育记者在战况报导里常用热情引爆、如醉如痴这些形容词。

虽然我也不时地鼓掌叫好——当有漂亮的接杀或盗垒动作时——不过，我为两队都喝彩，心理上也并不特别希望哪一队赢或输。而且，也许就是因为我不是两队的忠实球迷，所以一直多少有一点冷眼旁观的心情。

追根究底，“职棒”，可以说是一种“商品”。球员、教练、裁判、记分员、记者、叫卖的小贩和黄牛等都是生产者。观众（包括在场内的、在家里看电视的和在场外高楼阳台上的），是消费者。两队厮杀时，固然是人潮汹涌、热闹非凡。但是，没有职棒时，棒球场里一片寂静；百年之后，这里也可能已经成为一座废弃的“古竞技场”。因此，欢呼、惋惜、叫闹、笑骂，只是在消费“职棒”这个商品过程里情绪上短暂的起伏，终将成为过眼烟云。

商品，是人为了追求自己福祉所生产出来的，本身没有绝对的价值，而只是一种“工具性的安排”。同样的，规范，是为了增进人的福祉所发展出来的典章制度，也是一种“工具性的安排”。可是，透视了这一切的原委底蕴，除了有智识上的收获，情绪上也比较不会受影响之外，难道不会因为看破和看透一切而变得心如止水、情如槁木？

也许，知道事情的来龙去脉，心情上比较不会起伏。不过，参透玄机也有很积极的正面意义：就是因为体会到这些“工具性安排”的意义，知道人可以无中生有地创造出一些可以被利用的“东西”、能进一步地追求更多的福祉；所以，更会珍惜和照拂这些得之不易、有价值的“资产”——看山不是山的时候，知道“山”不过是一些土壤石块的堆积，看山是山的时候能够进一步体会欣赏“山”的雄伟深厚！

我的思维由棒球场再回到教室里，眼前的研究生正继续他的报告。看着他年轻纯真的脸庞，我顿时清楚地感觉到自己的责任——“老师”这种工具性的安排到底能为年轻的生命添加多少养分。

因果关系的逻辑

早上送儿子去幼儿园，快出门时想到今天是星期三，星期三是可以带自己玩具到学校的日子，因此就问他要带哪一个。挑选了半天，他选了一个小的“魔术望远镜”——离眼睛远的那一面镜子上磨了很多小方块，所以由望远镜里看去会看到好几十个同样小的影像。

到了幼儿园，我正帮他挂外套，他已经掏出玩具给别的小朋友看。他的好朋友佑宏先向他借过去看，别的小朋友也好奇地围上来。奎元说：“借我看一下好不好？”儿子说：“不要，你不是我的朋友！”奎元面不改色地说：“可是我是佑宏的朋友。”儿子说：“好。”因为佑宏是他最好的朋友。

站在旁边、一个比儿子高出一个头的女生也说要借，儿子说：“不行，你不是我的朋友！”小女孩愣在那里，眼里充满了受伤的神情。

我看着这一切，觉得非常讶异，小孩子怎么会这么直接、这么不加修饰地表达自己的好恶和感情？离开幼儿园到学校的路上，我一直忘不了那个小女孩纯真生动的表情。不过，我也开始想到一些其他的事情。

在儿子成长的过程里，总要经过许许多多的大小挫折，也总会像那个被拒绝的小女孩一样地受到伤害；然后，他会慢慢地变得比较老成持重，讲话比较含蓄委婉一些。而当他经历那些喜怒哀乐的试炼时，大部分时候我不会在场，也就不可能适时地有所因应。可是，即使我能注视着他成长过程的每一秒钟，难道我知道该怎么因应吗？

在自己步入中年之后，我才慢慢有一些小小的人生体验，就像没有听过烂音乐就不知道好音乐的可贵，没有吃过难吃的自助餐就不知道高明厨子的功力一样，有过挫折不豫的经历，才能感受到顺遂称意的喜悦；下过足够的工夫，才有享受收成的可能。所以，接受考验、挑战、挫折、折腾等，是应该的，而且是不可或缺的。

不过，即使在观念上了解“接受考验、培养韧性、增强实力”的逻辑，实际上要怎么拿捏却并不清楚。就像那个被拒绝的小女孩一样，当她被活生生、不留情、毫不婉转地拒绝之后，她可能因而变得比较有韧性一点，也可能以后在提出要求时会变得比较有技巧一些，但是，这样的经历也很可能让她因此变得比较畏缩一些，或者对别人变得冷漠一些。因此，即使我能掌握儿子的成长环境，我也不一定能清楚地了解“事件”和“影响”之间的因果关系。

事实上，即使我能掌握住“因果关系”，难道我知道要让孩子受到多少考验吗？他所受的挫折、所培养的韧性是要让他能应付正常的波浪，还是能应付滔天巨浪？我希望他所具备的是一个平凡、但正常人的性情，还是一个能不同流俗、但曲高和寡的性格？如果我能决定，我会怎么决定？我又应该怎么决定？

到了学校之后，我直接走进教室。站在讲台上，看着下面一张张年轻的面庞，我稍微庆幸我对他们的责任比较简单，只要把书教好就可以了。不过，我又想到，什么是“把书教好”呢？我要他们接受多少智识上的考验？我又要让他们具备多少的学养条件？

第 5 章

公平的局限

前几天儿子的表哥到家里来和他一起玩，表哥读小学二年级，儿子上幼儿园大班。虽然他们只差三岁，可是两个人块头差了一大截。表哥的体重大概是儿子的两倍半——儿子太瘦，表哥稍微过重。

帮他们分点心时，我给表哥五颗巧克力，给儿子两颗。儿子眼睛尖，个子小但嗓门大地马上提出抗议："不公平，为什么他比较多？"我说，因为他个子大，当然应该多几颗。儿子不得理也不放松地说："个子小才应该多吃几颗，大小孩应该少几颗！"

我在儿子的盘子里又加了三颗，表哥没有意见，儿子也不再得寸进尺，巧克力的小风暴就此平息。

今天从图书馆里借了一本名为《公平：理论和实际》的书，翻着翻着，脑子里又闪过儿子争糖吃的事。

作者在书前的序言里一开始就提到，"公平"并不存在，不存在的理由有三：第一，"公平"，只是一些伪善者用来掩饰他们私利的说词而已，"公平"本身并没有根本的内涵，所以当然不存在。第二，即使"公平"在某种概念上有意义，可是完全是一个"主观"的概念，不能作科学性的分析。因此，公平在"客观上"并不存在。第三，即使公平或许不完全是个主观的概念，可是，到目前为止，还没有出现任何有意义的理论。因此，在学术研究上，公平并不存在。

虽然作者在一开始就这么斩钉截铁地论断“公平”是一个空洞的概念，不过，对一般人而言，这却是很难令人接受的结论。在日常生活里，每一个人几乎都无时不刻地碰到公平性的问题：学生坐公交车该不该有优待票？看电影呢？买汉堡呢？如果有优待票，优待多少才公平？买票看职业棒球比赛时每个人可以买几张票？可以卖预售票吗？在赛前多久开始卖保留票比较公平？

这些问题显然在某种意义上都和公平有关。事实上，作者也承认，或许就是因为公平问题无所不在，所以历史上有许许多多的思想家、哲学家都花了可观的心血思索这个问题。譬如，罗尔斯（John B. Rawls）在名著《正义论》里就想出一个办法来处理这个棘手的难题：在规划各种典章制度时，可以先设想自己眼前有一层薄纱。因为这层薄纱的遮掩，所以一个人不知道自己未来的身份、地位、职业、才情到底是什么，因此，在规划时就可以不偏不倚地设计出合于公平正义的典章制度。

罗尔斯的慧见当然很有启发性，不过，在观念上有意义的琢磨一旦落实到眼前实际的问题上，却显得抽象而空泛。试问，根据“无知之幕”的设计，公车票和职业棒球比赛门票的问题要怎么解决？

和罗尔斯大处着眼的方式相比，《公平：理论和实际》这本书的作者采取的是小处着眼的分析角度：即使追根究底公平是一个不可捉摸的概念，不过，从日常生活所面对诸多具体的问题中，或许可以烘托出“公平问题”的性质。这种小处着眼的分析方式事实上比较有说服力。从一桩一桩的具体事例里，可以发现“公平”这个概念的“地域性”：学生在坐公交车、看电影时也许享有优待，可是，买汉堡时却得付同样的价钱。基于公平而有的差别待遇只局限在某些事项上，而不是一律适用。而且，“地域性”指的不只是在事情上的范围，还包括地区、文化、国界上的分别。学生在台北坐公交车享有优待票，可是在纽约可能就要付全票。相反的，残障人士在纽约享有特别保留的停车位，可是在台北可能就是一视同仁。由一连串事例里，或许比较容易“感觉出”公平这个概念的局限性。

不知道《公平：理论和实际》这本书的作者自己是怎么处理公平的问题，不过，我已经打定主意，将来要告诉儿子分巧克力糖的事，然后问他自己觉得怎么做比较公平？

经济学金刚经里

去年十月某日一大清早，有一位正在修课的研究生，两眼带有睡意、但神情毅然地来找我，希望我能指导她的硕士论文。我问她对什么题目有兴趣，她表示，最近刚结束一段感情，正在研读佛教的经典《金刚经》。我不加思索地建议她把论文题目定为《由经济学阐释〈金刚经〉》她有点惊讶犹豫，但最后终于点头。

对我而言，这是令人高兴的意外。几年来，好几位学生告诉我，我在课堂上对经济学的阐释，和佛教里的中心思想若合符节。我一直想找机会看看佛经，没想到正好因缘际会。

学生开始精读《金刚经》，我也跟着看、跟着想。后来，虽然学生改变主意——因为她的佛教师父告诉她，从经济学角度阐释的《金刚经》就不是真正的《金刚经》——而不再探索下去，我还是继续看、继续想。在这个过程里，我也认识了几位非常有趣的民间居士。最后我自认为已经能稍稍掌握住《金刚经》的精髓，就写成一篇论文，名为《经济学对〈金刚经〉的阐释》。

论文的中心思想其实很简单：经济学里强调“选择”，可是在选择之前还有利弊得失的评估比较，所以，成本的概念比选择的概念更根本。可是，成本已经隐含一种价值判断，在作价值判断时，事物之间一定有“相对”的差别。否则，如果所有的事物都是一样的，就不会有价值判断可言。在《金刚经》里，最核心的一个概念是“离相无住”：人会有喜怒哀乐的情绪起伏，是对于所面对事物的反应；可是，事物的意义是人所赋予的。既然是由人来决定，显然就不是绝对的，而是“相对”的。一旦体会到这一点，人就可以不为事物的表相所牵绊，在心境上也就可以无所执着——“离相”而“无住”!

所以，经济学的核心观念是“相对”，而《金刚经》是从“相对”的概念出发而抹去“相对”，由经济学阐释《金刚经》，至少自圆其说、自成一格。

可是，虽然我自觉粗通《金刚经》的要旨，我自己却也知道得很清楚：我对《金刚经》的了解体会，纯粹是智识上的，可以说只是益智游戏。对佛教徒而言，《金刚经》和其他经典不只是智识上的指引，更隐含着肉体和心智上的探索。随着肉体和心智上的戒持修炼、静坐冥思，才能逐渐迈向一种物我两忘、如如不动的境界。

当然，《金刚经》或佛教的教诲不一定对每个人都有吸引力；对于生命和其他事物的意义，每个人有自己的看法和取舍。不过，即使不全然接纳《金刚经》的世界观，对一般人而言，“离相无住”的观念还是有相当的启发性：人从出生开始，就活在人的社会里，在成长、学习的过程里，自然而然就以环境里的价值观为自己的价值观。

可是，一旦把时间拉长、把范围放宽，价值观的相对性就非常明显。人，在千万年前，只是一堆血肉，经过演化的过程，而逐渐发展出各种思维观念。不同的社会，等于是走上不同的轨迹，展现出不一样的面貌。因此，所有的价值都是由人所认定的，而不是独立于人之外，更不是超然的、绝对的。了解到这一层之后，每一个人对于眼前的事物，自然可以用较宽广的角度来认知、阐释、应对。

这种由《金刚经》引发出的体会，对经济学和经济学者当然也有相当的启示。经济学里把人的好恶当作分析的起点，在好恶既定的条件下，探讨人的各种行为。可是，人的好恶是由价值观而来，而价值观的内容性质等，显然不是一成不变的，人可以——而且值得——对自己的价值观斟酌思索，希望琢磨蕴酿出较平实深厚的好恶（价值观）！

在论文的结论里，我提到：由经济学阐释《金刚经》，两方面互蒙其利，那么，这是不是意味着经济学可以继续伸出触角，去探索其他的宗教、其他的思想、其他的世界观呢？这似乎是一个“相对”而言非常有趣的追寻。

思潮相对绝对的绝对

生命的脉动非常奇妙，有时候会在完全意外的情形下，经历同样的悸动。

前几天到木栅去改高考“公共经济学”范围的一份试卷，

在四道问答题里有这么一题：上级政府对下级政府补助时，如果是针对特定的支出项目、而且要求地方政府提供配合款，结果会如何？

因为是针对“特定支出项目”，所以下级政府不能把钱用在其他的用途上，因为是要求“配合款”，所以地方政府一定要自筹一部分财源。也许考生的是非观念太强，有的考生铁口自断“结果一定不好”，因为上级政府所补助的不一定是下级政府最需要的项目；另外有些考生洋洋洒洒地阐述“结果一定好”，因为上级政府所提供的经费正是下级政府引领企盼的。

习惯了经济学里“条件式的是非”——在某些条件下为“是”，在某些条件下为“非”——所以对考生黑白分明的论断，我觉得有点可惜。

改完考卷没几天，刚好到高雄参加一个研讨会，之后，和几位学者专程到市政府拜访财政和主计单位，找一些研究数据。两个单位的首长都很客气地亲自接待，大家坐在一起谈话。谈着谈着，主计处长谈到“补助款”的问题，他举了一个例子：上级政府对下级政府的补助往往指定用途：教育部就曾经通过省政府拨钱给各县市的教育局，指定作为改善各国民小学厕所之用。

因为专款只能专用，所以只好把钱全部用在厕所上。结果，有的小学才刚修缮过厕所没多久的，又把厕所打掉重建；有些偏远地区的小学用补助款盖了“五星级”的厕所，但学生老师却在摇摇欲坠的危险教室里上课。

我以前也听过类似的故事，但这次听到同样的情节，联想到改高考考卷的经验，脑海里好像有一个灯泡突然一闪，照亮了一些事物。

五星级厕所和百年危楼共存的景象当然有点荒谬可笑，不过，这多少算是后见之明的智慧。如果当初补助款不是专款专用，而是把同样金额的钱拨给学校，由学校决定，可以用到任何项目上，那么，五星级的厕所可能不会出现，可是五星级的校长室、计算机教室、图书馆可能会取而代之，还是会有误用浪费的情形；而且，因为经费运用的自由度增加，所以误用的情况可能更严重。

同样的道理，如果把补助款拨给地方政府的教育主管机关统一调度使用，而不限于厕所或国小，那么，不但补助款可能在庞大的教育预算里失去踪影，教育之外的其他单位也刚好可以要求教育预算维持不变，而把因为补助款所"多出来"的教育经费移给其他单位使用。不论是哪一种情形，最后把补助款用在"国小厕所"上的机会可以说是微乎其微，教育部最原始改善厕所的希望当然也就会完全落空！

"国小厕所补助款"的故事还隐含很深刻的一些含意：把补助款限定在改善国小厕所上，固然会造成一些"五星级厕所"的问题，可是，把补助款交给国小、教育局或地方政府自由运用，会造成其他结果虽然不同，但性质上一样的困扰。因此，两种做法各有各的利和弊，好坏之间就看利弊的比重和大小了。不过，更重要的，是利弊的大小和比重其实是和行政体系的各个环节有关。如果"国小"这个环节的水平很精致，可以把钱交给国小来自由运用；如果"教育局"这个环节的水平很可靠，可以把钱拨给教育局统一调度……。因此，利弊、好坏、是非，都是被相关的条件所衬托出来的——条件式的结论！

如果利弊、是非、好坏都是条件式的判断，那么，美丑、善恶、顺逆是不是也是条件式的判断？

以动物为师

几天前儿子发高烧，我们带他到妇幼医院急诊。挂上点滴一阵之后，他的精神慢慢恢复，然后就开始不甘寂寞地要听故事。妇幼医院旁边刚好是国语日报社，有一个卖儿童书刊的门市部，内人去选了两本故事书，要我念给儿子听，其中一本是《伊索寓言》。

我耐着性子念了几篇（狐狸吃不到葡萄、说葡萄酸；父子赶驴到市集、轮流骑、一起骑、最后一起扛驴子……），然后连哄带骗地让儿子睡去之后，自己不禁饶有兴味地翻看这本有警世意味的童话书。

译者在书前的介绍里提到，《伊索寓言》里的故事全部都和动物有关。对我而言，这是一个小小的新发现，以前从来不知道、也没有想过，《伊索寓言》是一本用动物来说“故事”的“童话书”！

这两天自己一个人坐车、走路、慢跑时，总会不经意地想到这件事。为什么《伊索寓言》的作者要“借古讽今”地以动物世界里的曲折来提醒人？为什么不直截了当、“就事论事”的以人的故事来提醒人呢？

虽然动物和人有很多不同，不过，动物和人也有很多类似的地方。动物有爱恨情仇、喜怒哀乐，动物的世界里也有荣枯兴颓、存亡绝续。当然，动物的情怀比较原始，表达的方式比较直接。动物世界的更迭起伏也多半是量的变化，而不是质的增进——目前还活着的狮、虎、象、鲸大概都为数不多，可是现在还活着的这些动物，在智能上大概和他们千百年前的祖先没有什么不同。

对于人来说，如果要从动物的身上、或从动物世界的法则里萃取出一些智慧，显然还是以自己本身的经验和认知为准。动物的行为往往只是直接、生物性的反射动作，但是，人却会根据自己所认定的因果关系来阐释动物的行为。譬如，羔羊屈膝吮奶不见得是感念母羊辛劳的表现，燕子翅膀硬了展翅远扬也不一定是忘恩负义。然而，人却以自己的意愿赋予动物行为某种意义，然后再以这种意义回过头来提醒劝诫自己。显然，人是自己在对自己说教，动物只不过是人用来说教的材料而已。

不过，即使人是把动物当作论理说教的工具，这么做也有很积极正面的意义。相对于人类世界的复杂诡谲，动物的行为比较率直，动物世界的法则比较简单。在人的世界里生活呼吸久了，自然容易以婉转含蓄的方式取舍行为，这固然反映了人所累积出的文明能够潜移默化，但也隐含着矫饰造作的可能。相形之下，以动物行为的特质和动物世界的法则为材料，等于是撷取了一个生动鲜明的“参考点”，人以自己的认知来塑造这个参考点，再以这个参考点来重新思索咀嚼人所面对事物的意义。

进一步地考虑，以动物作为参考点当然还有比较深刻的含义。既然动物的行为比较直接率性，动物世界的法则比较明确简单。所以，人可以试着略去事物的表象，探究背后较根本的内涵，而后坦然以对。另一方面，既然人已经累积出繁复可观的文明，也当然可以节制自己性情里比较粗糙原始的部分，而后沉着地应用这些道理。

如果这种思维稍微有点道理，那么，以动物为参考点的启示是什么？是家里多少养点狗鸟虫鱼，还是到动物园里走走，还是偶尔看看有关动物的书报杂志呢？还有，如果以动物为参考点确实能清醒耳目，那么，动物园里整天与动物为伍的人，是不是要比常人多一分沉稳和豁达呢？

行为准则与交易价格

早上有一个研究生来找我，他提到曾经把我写的一些“(经济学) 散文”给其他科系的朋友看，朋友看过之后的反应是：内容很有趣，不过好像太重“实利”了一点。

我听了笑笑没作声，研究生走后，我看着眼前鱼缸里上下回游的鱼群，突然想到多年前的一件往事。

大三暑假，我和宿舍里同寝室的好友一起到另外一位室友的家里去玩。他家在云林口湖，那是一个靠海、以农渔业为主、人口流失很明显的村落。住在传统农村四合院的砖房里，非常舒服。我们到的第二天傍晚，忽然听到不远处传来一阵急促的叫喊喧哗，再隔了一段时间，开始听到大声的号哭和哀鸣。室友出去探望，回来告诉我们：附近的一个小女孩掉到池塘里淹死了，现在哭喊的是小女孩的弟妹。根据当地的习俗，他们要 (会) 终夜在池塘边呼喊他们的姐姐。那天深夜躺在床上，还听到断断续续传来凄切的哀哭声。

当时只觉得早逝的小女孩很可怜，小女孩的弟妹也很可怜；可是，却没有多想。现在再偶尔回想起这件事，却有一些比较深刻的体会。

在一个稳定的农业社会里，物换星移、春去秋来，一切都井然有序。人际之间的往还，也慢慢发展出一些大家奉行不渝的规矩习惯。无论是婚丧嫁娶或生老病死的每一个环节，每一个人由小到大，都自然而然地看到和学到一套行为准则。大家“理所当然”地遵守这些行为规范，甚至认为是天经地义。而且，这些规范也都有言之成理的逻辑，弟妹号哭一方面是表示手足之情，一方面是为父母责怪姐姐早逝不孝；父母在不远游是为了承欢膝下、避免父母操心远忧。

在这么一个“传统”的环境里，一个人不需要有太多的“自我”，一切现象都周而复始的重复，而一切行为也都有规矩习俗可以遵守。人，不是跟着感觉走，而是跟着传统习惯走！

相形之下，在现代工商业社会里，人所面对的情况可是大大的不同，虽然一个人还是可以依样画葫芦地笑脸迎人、烧香祈福，可是，在生活里的各个面向、各个环节上，一个人所能依恃的“传统”，事实上非常有限。人，在相当的程度上，不得不成为自己的主人，自己面对各种问题，自己处理各种问题：在“传统”和“习惯”里，没有“一个孩子是个宝、两个孩子恰恰好”的问题，也不处理“大学毕业要不要考研究所”的抉择，当然更不管“能不能转业换工作”的踌躇。

因此，当规矩习惯这些参考坐标不足以应付现代生活所需的时候，人只好以其他的参考坐标作为自己取舍行为的准则。道德上的斟酌、情理上的拿捏，都是人必须自己摸索取舍的。而且，通过各种大小市场所进行的“交易”，更成为生活里越来越重要的部分。市场里明确可循的“价格”，当然也就成为思索应对时几乎不可或缺的参考数据：换工作的得失是哪些？追求高学历的优缺点是如何？多生一个孩子的利弊又是多少？

在面对和处理这些问题时，道德、传统、规矩等的比重降低，利害权衡的比重上升，人可以也应该就事论事地从“实利”的角度来思索这些问题。而且，抽象一点地看，规矩习惯和物质利害所隐含的都是一种高下相对的“比较”，在本质上并没有什么差别。可是，人可以“遵循”规矩习惯，却必须“自己取舍”利弊得失！

眼前的鱼群优游依然，庄生再世，大概还是不知道鱼到底快乐不快乐。不过，如果庄生再世，不知道他觉得现在的“人”和过去的“人”有什么差别？

善意的恶果

在那帧黑白照片的旁边有简单的几个字：山德佛，杀人而后被杀。

即使在《时代》周刊这个发行全球的新闻周刊里，偶尔出现几张咎由自取罪犯的照片，也算是见怪不怪。只不过，这一张有点特别——山德佛是个“十一岁”的小男孩！

绰号“黏糖”（因为喜欢吃黏黏的甜食）的山德佛，出生在芝加哥贫民区一个破碎的家庭里。母亲生了八个子女、无业、吸毒、靠领社会救济金度日，已经离婚的父亲正在监狱里服刑。“黏糖”从小就是个问题人物，偷、抢、骗、混，无所不来，逃学的时候比上学的日子多，在警方的档案已经是厚厚的一叠。他奉帮派之命开枪教训别人，结果流弹射死了一个路过的小女孩。在警方强力动员扫荡之下，帮派决定要除掉他这个烫手的山芋。于是，两个年龄和他相仿的帮派分子把他诱骗到一个废弃的地下道里，然后有人对着他的后脑开了两枪。

这则社会新闻当然马上掀起一片责难和讨论，到底是环境出了问题，还是小男孩和他的家庭出了问题？从这个事件里，一般社会大众又得到什么体会、学到什么教训？

稍微想想，在目前的时空环境里，即使没有天灾人祸，社会上也总是有一小群不幸的人。这些人或者是生理上或心理上和常人不同、或者是遭逢变故、或者是在经济起伏下受难，结果不能自保。这些人的困难无法靠“市场机能”来解决：因为市场机能只提供报酬奖赏给那些“正常人”，因为那些人具有能为市场机能所接受和回报的某些“有价（格）的禀赋”。在市场机能无能为力的情形下，这些少数的弱势者只好向“非市场”的途径求助。在农业时代，“非市场”指的主要是妯娌乡亲、慈善人士的捐输，在现代社会里，“非市场”指的主要就是“政府”所提供的安全网。

由强而有力、资源丰富的“老大哥”向社会上的弱势者伸出援手，当然是再好不过了。然而，善意并不必然等于善果。一方面，这些弱势者每个人的情况际遇不同，需要针对情况个别处理。可是，政府的福利措施只能一视同仁地订出一些概要的指标，因此，接受扶助的人不一定真正受惠。另一方面，政府的措施目的在救急，让暂时受困的人有重新站稳脚步的机会。可是，这些凭空而降的支持反而诱发了一些“自愿性”弱势者，这些新的弱势者无意自立，因为自立之后就得不到白吃的午餐。结果，救急措施“创造”出一些终生、甚至是世代相传的弱势者——“黏糖”的妈妈十五岁生第一胎，十年级时辍学，从来没有正式的工作过！

这么看来，政府的社会福利措施等于是“创造”和“支持”了一个生生不息的“生态体系”，这个体系里的各个部分环环相依、共存共荣。在这些弱势者手中握有选票、而政客和行政官员都有各自“业绩”的考虑下，很难想象这个生态体系会有什么釜底抽薪、立竿见影的变革。

因此，如果说“黏糖”的死有什么启示的话，应该不是在这个小男孩个人的福祸上斟酌，而应该是由这个事件中联想到，一个社会在解决社会问题时，所选择方式的合宜与否。社会大众可以试着通过“政府”这个工具来处理社会问题，但是，所能希冀的成效应该是有限的、局部的。而且，不能忽视的是，政府的措施也可能诱发出新的、更麻烦的问题！

“黏糖”的死很可能会很快地被淡忘掉，直到下一个“黏糖”被杀时。

人生的成本效益分析

虽然我自知教书教得还算可以（每年教师节前后都会收到很多海内外寄来的卡片，有时候还会接到国际长途电话贺节），但是，我很少到学校外面去演讲，也不太愿意去。在学校里，我可以有系统、按部就班地花上一整学期或一整年来介绍一个学科。时间充裕、循序渐进之后，学习的效果就自然而然地慢慢累积而成。

相形之下，演讲只有两个钟头左右，听众背景参差不齐，要在这么短的时间里由无到有地改变别人根深蒂固的想法，我觉得非常困难。所以，凡是遇上邀请演讲，我多半都婉拒。不过，我教过的学生们显然比我乐观得多，他们总觉得我上课讨论的内容很有趣，最好能有更多的人有机会听我谈些观念问题。

因此，一有机会，他们就想邀请我去他们工作的单位演讲。婉拒好几次之后，我实在觉得过意不去，就想了个折衷的办法。我愿意去，但有条件：由我先挑选十篇左右我写的短文印发给参加听讲的人，请他们先看，到时候我和大家一起讨论、交换意见。如果能这么安排，我乐意去作野人献曝。

这么做了几次之后，效果还不错，很多参加的人事后反映：虽然不能完全掌握要旨，但由讨论中得到许多体验，有刺激思考的作用。最近受邀到一个教育文化事业单位去“演讲”，还是采取同样的做法。讨论的过程紧凑有趣，而且还有意想不到的结果。

在逐篇讨论过一些经济学的基本概念之后，接着要处理经济学的精髓之一：成本效益分析。我稍作介绍之后，就请在场的人表示意见。发言的人一再地对“成本效益分析”提出批评，而质疑的重点就在于：很多事情是不能用金钱来量化的，所以成本效益分析有时而穷。

我花了一些时间解释，但似乎还是不能说服大家，后来我灵机一动，指着坐在我旁边的机关首长说，假设各位面临这种情况：今天晚上各位的老板要娶媳妇宴客，邀请大家阖府光临。选在今天晚上当然也是有心人，因为明天就要打年终的考绩！但是，今天晚上你自己的兄弟姊妹之一也要结婚。那么，你要选择去参加谁的婚礼？

有人冒出一句：“最好两个都参加！”在一片笑声中，我说：不管你选择参加谁的婚礼，或两个都参加，这都和金钱上的量化无关。可是，你总是作了决定，而在你作决定的思考过程里，不就是有意识或者无意识的在比较各种做法的利弊得失吗？而那些利弊得失的斟酌，不就是“成本”和“效益”的评估取舍吗？所以，成本效益的考虑不一定是金钱上的高下，而可能是人情、得失、善恶、美丑之间的曲折。可是，无论如何，都是相对大小上的一种比较。

而且，我们还可以反问自己，如果在思考犹豫时“不是”在成本效益上评估得失，那么我们要怎么做各式各样的决定呢？难道是遇事就抛铜板吗？还是找个龟甲来烧一烧，看裂痕纹路是怎么走的？还是求神问卜？我想绝大部分的人都不是这么做，而是一直不自觉地在做“成本效益分析”——只是大部分的人不会联想到“成本效益分析”这个名词罢了。所以，既然我们不断地面对抉择，也不断地在衡量因应，除了希望自己在做成本效益分析时更稳重精致之外，我们事实上别无所恃。

讲完之后，大家一片静肃，但是在凝重的表情之余，我却觉察出一丝的释怀——就像在学校里上完课的景象。我心里也觉得很高兴，也许我可以把校外演讲的成本效益评估再“算”一次！

人生直线和曲线

上学期有一天早上出门，在巷子里买了份报纸，挥手招了辆出租车，坐进后座，告诉司机目的地，然后顺手打开手里的报纸。没想到车子里突然冒出了这么一句：“老师，你好！”我定神一看，原来开车的是两年前教过的一位学生。

这个学生是先当完兵再考大学，年龄比同班同学大一些，他大三时修我教的财政学，在课堂上经常提出一些带着质疑、批判、挑战，乃至于语含反讽的问题。我可以感觉得出来，在他的眼里，我是保守（反动）的象征。毕业后，听说他到花莲山区的学校当了一段时间的代课教员。

在短短几分钟的车程里，我们也没有谈多少话。他只提到要多探索社会的各层面，希望以后能从事采访报导之类的工作。

没想到，前一段时间在信箱里发现他寄来的一本杂志和一封信。信是用铅笔写在笔记本上的——还是不改原来不受羁绊的个性。信的前半段说他现在在印刷公司做事，帮忙编一本药商的公关杂志，免费送给医师。他一个人编采通包，忙得很起劲，想起以前我在课堂上发的短文，所以向我邀稿。信的后半段很有趣：

毕业后，在更多人事的接触中，惊觉于自己想法中有严重的二分意识形态，对于许多事情的态度也就越显得“保守”。

本期有一文访“A委员”，该文原访“B委员”，B氏竞选期间不施放鞭炮，维护环境之心素为我所仰，并打从心底支持，未料谈到访问主题“医师遭歹徒危害”事件时，他相当不以为然，认为应多关怀弱势族群，探讨医师是没什么意义的(许多内文不及细述)。由于我持不同意见，到最后他甚至相当生气地指责我“无聊”、“充满特权观念”、“为我感到羞耻”。

撇开沟通不良的部分，我对自己曾经坚持的“正义”、“公平”……等字眼有了更宽阔的看见。

之后，我去访问A委员，我在大二时曾经处于游行队伍中，看着许多学生在“立法院”门口大喊“A委员出来”的抗议口号，当时心中充满了对A委员的不满。而今，面对面的感觉全然不同……。是环境骗人，还是自己蒙蔽了自己？哈哈！我觉得自己有相当喜悦的成长。

我带着一丝复杂的微笑看完了信，对于他的体会，我觉得很有趣。他看到的，还不足以下最后的定论。等他有更多的经历，他的认知应该还会再有转折。我应他之请寄了两篇探讨生死问题的短文给他，让他转载。时间一久，也就几乎忘了这件事。今天在信箱里看到一本我这个宝贝学生寄来新出刊的杂志，杂志里还夹了一封信，中间有一段话：

没想到上一期杂志刊出后（因为有那篇A委员的访问稿），竟然引起了许多反弹；被认为是为某某党打广告，政治意味过重，导致立达药厂原本想做公关不成，反而遭到许多医师的指责，而被药厂委托制作这本杂志的我所服务的公司，当然是无可推诿地要负起这个责任来。这件事情让我对台湾过度泛政治化的文化大为感叹，更为目前台湾社会普遍性地缺乏宽容的气度感到叹息。

因此，从本期开始，药厂开始干涉杂志内容，除了增加更多篇幅的公关文章外，并要求不得涉及政治或宗教等目前社会较敏感的话题，而老师的文章因为牵涉到核电议题，导致药厂有所意见而不便刊出。虽然我知道您不在意此事，但我依然得向您致歉。

工作上虽然有许多限制，但只要在工作上的一天，仍然希望能够在这些限制下，尽量让杂志的内容接近自己的理想（毕业后思考的角度较为宽广，这在以前，早拂袖而去）。毕竟，人生往往有许多时候不是尽如己愿的，不是吗？

我很高兴他愿意和我分享他成长的经验，不过，我很好奇，不知道他将来会怎么教自己的孩子。要告诉他们哪些人生的智慧？

第 6 章

有限的理性

1978年诺贝尔经济学奖得主西蒙（Herbert. A. Simon）才华横溢，他的研究领域横跨计算机科学、管理科学、经济学，而且都卓然有成。他在31岁时出版的第一本书《组织行为》，对于组织结构和管理阶层的行为有很深刻的描绘。可是，虽然这本书早已经成为经典之一，他在写作本书时却完全没有任何实际工作经验；书中见解全是他参考其他著作再加上自己“想当然尔”的挥洒——在这种条件下能写出让内行人击节称赞的论述，其才学功力可见一斑。

就经济学而言，他最大的贡献可以说是提出了“有限(的) 理性”这个概念。正统的经济学假设人会尽可能的追求自己的福祉，而且总是能找到使自己“效用最大”的那种状态。如果一个人的消费、工作、或其他任何活动所带来的效用可以以一条钟形曲线来表示，那么，人终会找到能对应钟顶最高点的那个选择，而所凭恃的，就是无远弗届、威力无穷的“完全理性”。

消费者能找到钟顶的最高点，得到最大的效用，厂商也能找到钟顶的最高点，得到最大的利润。人人各逞其能、各得其所之后，市场达到均衡，经济学家心目中尽善尽美的世界于焉出现！

西蒙自始至终不相信“完全理性”，他认为这种假设所隐含锱铢必计、精确无误的经济人根本是神话（空话）。对一个和你我一样的正常人而言，在面对抉择时往往只拥有极其有限的信息，以及模糊和不精确的经验和智慧。一个正常人在大部分的时候，不是在找钟顶的最高点，而是找一个能过得去、差不多好的状态——因为人具有的是“有限理性”而不是“完全理性”。

客观来看，西蒙“有限理性”的正常人，的确要比正统经济学“完全理性”的经济人更真实贴切、更有血有肉，可是，根据完全理性所设定的模型在运算和操作上要简单得多。就学科的发展而言，当然也就容易舍远求近、舍难取易了。因此，即使西蒙是最早获得诺贝尔奖的经济学家之一，他“有限理性”的概念却一直没有成为经济学的主流。事实上，“有限理性”已经慢慢成为任何一位经济学者都知道，也都觉得有道理，但却从不会用在自己研究上的一个名词。不过，这种趋势最近似乎有一点改变的迹象。

1986年诺贝尔奖得主布坎南手创“公共选择”学派，以经济学的分析工具探讨政治现象。布坎南接受西蒙“有限理性”的观念，而且福至心灵地在这个名词前面加一个字，变成“‘理性（选择下）的’有限理性”。这个神来之笔不仅肯定西蒙的信念，更对“有限理性”赋予了新的内涵：就西蒙而言，“有限理性”只是对人行为特质一种平实中肯的描述，完全是就事论事，并没有任何道德上规范性的含意。可是，布坎南认为：万物之灵的人其实会有意识或无意识地“选择”自己的行为特质，因此既然自己区区一票不会影响选举结果，花力气收集信息也只有无足轻重的一票，最好的自处之道或许就是选择成为无知——“理性（选择下）的无知”。一个人对于自己的

“理性”也是一样，人会很理智地“选择”自己要具有多少的理性——“理性（选择下）的有限理性”！

如果一个人会理智地选择限制自己的理性程度，以小喻大，一个社会在基本规章上也就值得有意识地、理性地选择一些划地自限的做法。譬如，通过宪法修正案要求预算平衡、社会福利措施财务独立、中央政府不得逾权处理地方政府事务等，都是以作茧自缚的方式来避免弊端、自求多福。布坎南的这种引申和规劝，显然具有很浓厚的道德性内涵。

在西蒙的“有限理性”，布坎南的“理性（选择下）的有限理性”，以及正统经济学的“完全理性”之间，该理性地选择哪一种观点，或者怎么样才能理性地限制每一种观点的比重？

理性的经济人

据说有一天在哈佛管理学院的课堂上，教授在讲台上神飞色舞地阐述应该怎么样经营企业。口沫横飞一阵之后，坐在台下的学生举手发问，根据自己过去在企业界多年的工作经验，一般企业界的做法和教授说的并不一样。

教授闻言丝毫不以为意，反而在嘴角一抹慧黠的微笑之余，抛出一句：“即使现在他们不照我们讲的做，等我们训练出足够的MBA，大家就会照我们课堂上讲的做了！”

也许，当哈佛教育出来的企管硕士逐渐接管美国大小企业时，他们确实会照表操作。所以，不是“理论”改变了“实际”，而是“实际”会变得和“理论”一样！相形之下，经济学者所面临的问题显然要麻烦得多，除非经济学者能有机会对社会上所有的人“传教”，要不然“理性的经济人”恐怕永远只是课堂里和书本上的假设，是经济学者彼此之间益智游戏的想象而已。

不过，到底“理性的经济人”指的是什么？对人的生活又有什么启示？

在教科书的描述里，“理性的经济人”在行为上中规中矩：他在消费、储蓄、以及生活的其他面向上，都“会”计较到毫厘不差、尽善尽美的地步。

个人如此，厂商也是一样：在做有关生产、投资、营销等的决策时，都“会”算计到使成本最低、利润最大的境界。既然理性的经济人和厂商“会”锱铢必计，那么对随兴所至、跟着感觉走的一般人而言，就“应该”以理性经济人为标杆，在行为上“应该”设法变得更精致准确一些。

但是，为什么呢？为什么要向一个虚构的幻象学习？如果大家行为上真的都像理性的经济人，这个世界会变成什么样子？

对于这些自然而然的质疑，市场里的买卖交易或许可以提供一丝线索：在市场里，经过竞争，有效率的厂商可以享受较高的利润，没有效率（算得不够清楚精细）的就被淘汰。所以，竞争使厂商有意愿去逐蝇头之利，竞争也逼得厂商不得不仔细算计。举例来说，当烟酒公卖局公开招标要购买装啤酒的铝罐，某一个制罐公司得标，因为这个公司生产每个铝罐要比其他公司便宜“一分钱”。一个铝罐少一分钱并不起眼，但乘上公卖局每年生产数以千万计的罐装啤酒，就是几十万元新台币的差额！因此，借着重复交易和彼此竞争的这两种特性，市场里就形成一种筛选过滤的机能，在运用资源上越来越精明，越来越有效率。连带的，消费者所能享受的果实当然也就越来越丰硕。

事实上，市场在运用资源上的特性，还有更一般性的启示："竞争"隐含的是一种高下的比较，在运用资源时，比较差的，比较不好的会被剔除。"重复交易"隐含的是一种精益求精的过程；在一再的交易买卖之中，可以经由摸索、练习而磨炼出组合和运用资源更好的方式。而且，在竞争和重复交易的过程里，厂商固然变得有效率，在背后经营运作工厂的"人"更是不断地自我改善、自我精进、自我超越。当然，人在市场里可以透过买卖交易而持续进展，人在生活里其他的"交往"上也可以有类似的蜕变——理性的经济人并不限于在市场里一手交钱、一手交货而已！

不过，如果一般大众接受经济学者的传教，而向理性的经济人学习迈进，那么当艺术家、哲学家呼吁大家变成"感性的艺术人"和"知性的哲王"时，大家要怎么办？

相对价值下的人生观

几年前在一个偶然的机会里，我应邀到一所大学的会计研究所去作专题报告，在场的听众主要是研究所硕博士班的研究生和几位老师。

事隔多年，我已经忘了演讲的题目和内容，不过对于讨论过程中的一段问答，我却记得非常清楚。有一位大概是高年级的博士班学生问我，评估一件事好坏的准则到底是什么？我告诉他，我只学过初等会计学，知道在财务处理上有一些极其浅显的会计原则可以遵循。因此，对于某些问题而言，价值的取舍似乎有客观的尺度可以认定。可是，我相信，在最高层次的会计研究里，并没有公式或定理可以依恃。在最核心的问题上，一定还是一个抽象的、观念性的判断。我发觉，在场的老师们不是微微颔首就是不置可否，我心里想，这个观点大概不致于太离谱。

当时觉得"最高境界的抽象性"的观念很有趣，不过这只是学术上的体会而已，是无关痛痒的"益智游戏"。可是，最近再联想到这个观念，却发现问题严重得有点非同小可。

在浸淫经济学多年之后，我认为对商品、市场、金钱、买卖等的研究只是经济学的一小部分，以经济学的分析方法探讨政治、社会、法律等领域，已经卓然有成。所以，在本质上，经济学其实是一种分析方法——一种"看事情的角度"——而不是一般人所认为，狭隘的"选择的科学"。而且，追根究底，经济学的核心是一个"比较"的概念：在人的世界里，没有"绝对"，任何事物的意义，都是在环境里相关条件的衬托和对照之下，才具有内涵。

这个概念不难理解。想象一下，如果世界上只有一个人会唱歌，其他人完全不知道唱歌为何物。那么，其他的人将无从判断到底这个会唱歌的人歌声如何。原因很简单，因为没有可以作为对照和比较的基准。这时候，人们最多只能以其他动物的声音或其他乐器的声音为参考材料，来认知和比拟这个独一无二的声乐家所具有的歌喉。不过，即使如此，人们还是不能判断到底他唱得好或是不好。

一旦有了比较对照的可能性，好坏高下的尺度才会出现。然后，人才会根据自己主观上对于好坏高下的取舍，做出一连串大大小小的选择，选择之后，才是各式各样的行为。因此，我们所看到人的行为和各种社会现象，都已经是这个认知和选择过程最后的结果。

这个推论的结论很清楚：一件事物的意义，事实上是由其他相关事物所衬托出来的。换一种说法，对于所有事物的判断，可以说都是一种“条件式”的判断，当相关的条件改变之后，是非高下、好坏对错的判断也就会随之而变。

可是，如果所有事物的意义都是相对的，而不是绝对的，那么这种体会所隐含的又是什么呢？

既然事物的意义都是相对的，各种价值判断当然也是相对的，那么，人在情绪上爱恨情仇的取舍，是不是就毋需过分执着？既然美丑、善恶、是非、真假都是相对的，是不是也就不需要一厢情愿地认定某些价值，然后全力以赴？顺着这种逻辑推论下去，很多一以贯之、义无反顾的努力和付出似乎就有点可笑，甚至是荒谬：全心全力照顾好自己的家小，一心一意要攀越峻岭极峰，埋头苦干于发明实验，无悔无怨的传道济众……从事所有这些作为的人，难道都是目光如豆的井底之蛙吗？如果他们知道事物的意义其实是相对的，是不是“会”豁然开朗而有所转折呢？如果所有的价值都是相对的，人是不是“应该”在行为上只付出相对的努力呢？

我还没有想清楚这件事，我也很困惑。在想清楚“相对价值下的人生观”之前，我的人生观应该是如何？

商品诞生的条件

学期结束后，由台北回台中家里休息几天。下午临时起意，约了几位曾在电话上畅谈过、但从来没碰过面的朋友一起晚餐，约好六点半在市区的一家餐馆会面。

快六点时，我离开家到小区大门口搭出租车。没想到，平常三五分钟之内就有空车经过，这次我却等了近二十分钟还招不到车。我心里有点着急，因为晚上是我做东，自己迟到不太好。后来灵机一动，由查号台那儿问出一家无线电出租车的号码，接通之后，讲明我所在的地点，说好五分钟之内会有编号“×××”的出租车过来。

两三分钟之后，果然有一部亮着空车灯的出租车靠近。我挥手招呼，拉开车门坐进后座时，顺便问了一句：这是无线电×××号吗？司机摇摇头说：不是！我不自觉地犹豫了一下，然后还是出了出租车，继续等。正在人神交战，说服自己不能有车就搭，让无线电出租车空跑一趟时，竟然又连来了两部空车，而且都不是无线电出租车。最后在六点三十分左右，车顶上有正确编号的那部出租车终于开到，我坐进后座之后，长长地嘘了一口气。

车子到餐馆时已经迟了十多分钟，车资刚好是一百元，我也就没有再给一点钱当小费。和朋友见面、寒暄、坐定、上菜、敬酒、干杯之余，我在脑海里还忘不了刚才招呼出租车前后的这些事。

虽然这一次我耐住性情，让过了三部空车，可是，难保下次有更重要的事、或无线电车一直迟迟不来时，我不会食言而肥地搭路过的车。而且，人同此心，其他的人恐怕也有放鸽子，让无线电出租车空跑的时候。可是，我叫的这家无线电出租车好像越做越好，路上经常看到同一标帜的车子呼啸而过。所以，无线电出租车显然能承担得起某种程度的白跑率。只要有相当比例的人叫了无线电出租车之后能够依约候车，就能促使某些出租车愿意花钱买无线电设备，加入组织。打电话叫车的人能言而有信，应该只是维持这种服务于不坠的因素之一而已，能使无线电出租车这种产品出现乃至于兴盛，应该还有其他的因素。

和台北市的情形相比，台中市区可能有发展无线电出租车最好的条件：台北已经是幅员大而人口密度高的区域，出租车满街跑，招之即停。只有在深夜以后，人车较少而且有安全性顾虑的情况下，无线电出租车才有施展的空间。在台中市区，主要的商业活动集中在方圆数里的区域里，区域之外就是往外延伸的市郊，以及和毗邻市镇相接的地段。

在这样一个幅员较广、人口密度较低的环境里，交通问题主要是靠公交车和出租车解决。公交车的路线有限，班次又不多；因此，对于相当多的人而言，打电话叫出租车等于是享有了自用车的方便，但又免除自己开车的麻烦。过去叫车行里的出租车不但要付额外的费用，还经常有叫不到车的困扰。无线电出租车在数量增加之后，就有点像编成了一张不断扩充的网，涵盖着整个市区。

对坐车的人来说，无线电出租车固然非常方便，同样的，对开出租车的人而言，加入无线电组织自然也是有以致之。在幅员辽阔的区域里，漫无目的开空车找客人很可能徒劳而无功，在车站之类的定点等人能做的生意很有限。因此，借着无线电联络，每一部出租车也等于是扩充了自己所能涵盖的范围。而且，更重要的是，当这个无线电网渐具规模之后，会有越来越多的人打电话叫车——每一部车对组织里的其他车有贡献，也享受到其他车子的存在所带给自己的好处。

所以，是地理幅员、人口结构这些条件的促使和诱发，维持了无线电出租车这种商品。当然，当这些条件发生变化之后，商品的种类和性质想必也会与时俱进。

还在想这些因果关系时，朋友敬酒，问我在想什么。我顺口答道：在想开车的事。朋友说：没关系，多喝点。等下把车子留在这里，叫无线电出租车回家，说完一干而尽。"酒后的出租车"，这倒是我刚才没想到的好处。

厂商的本质

前几天搬家，请了朋友介绍的一个搬家公司帮忙。约好的时间还没到，一部中型的货运车已经开进巷子，连老板一共来了三位，都是四十五岁左右的中年人。

我们的东西不多，但很快也装满了一车，老板招呼着把车子开到巷子口，然后要另外一辆同型的货车倒退进来。两车装满之后，剩下的书桌和单人床是要送给朋友的，老板就又派了一个人回公司，再开部车来装这些东西。结果，老板和另外一位各开原先的两部车到新家去，我搭第三部车送东西去朋友家。

我坐在司机旁的座位，一边嚼槟榔一边闲聊，主要是问他一些关于搬家公司的事。没过多久，我就感觉出来"虽小道，必有可观者也"的趣味，搬家公司的经营并不是简单的事。

听司机说，他们这家"公司"总共有二十人左右，每个人都有一部车，也都是老板。他们不作广告，主要是靠朋友口耳相传来介绍顾客。公司没有办营利事业登记，所以营业收入也不申报公司和个人所得税；如果顾客是公司行号，需要统一发票，他们就向其他公司买发票。

他们做生意的方式很有意思，如果客人指名找哪一个人，就由这个人负责安排这笔生意；如果不指名，就由接电话的人负责。负责人先到客人家里估价，搬家的价钱都有“行情”：坐电梯和走楼梯价码不同，“三楼到五楼”和“二楼到一楼”当然也有差别。

估完价之后，负责的“老板”就依需要由这二十位左右的伙伴里找几位帮手，安排日程。然后，在搬家当天，当家的老板就负责在整个过程里招呼上下前后，搬家之后，再把收到的钱平分给到场的每一个人。

“如果带头的人估价太低，其他来帮忙的人会不会心里嘀咕？”我问。

“当然不会，大家都是有经验的人，而且合作久了，都有默契。”

“二十几个老板里，有没有人是比较‘傲客’的，别人不太愿意找他合作？”

“当然有。每次有生意，先找自己最好的朋友，有些人不到万不得已不会去找！”

听身旁这位身体结实、精神振铄（昨天晚上喝酒喝到早上四点，接着开车出门搬家）的司机顺口讲这些好像都是再自然不过的事，语气里倒好像还有点讶异于我不知世事的大惊小怪，我突然觉得有点好笑。

在1937年，有个二十岁出头的英国人科斯（Ronald Coase）发表了一篇名称上平淡无奇的文章——《厂商的本质》。几十年来，这篇文章已经成为经济学里最常被引用的论文之一。科斯能在1991年得到诺贝尔经济学奖，这篇文章具有关键性的影响。文章里的重要概念，现在看来非常简单：虽然市场里有各式各样的货品，一个企业家就可以利用市场来取得他所需的人力、物力，然后组合成他所希望生产的商品。可是，为什么在现实社会里，有许许多多、大小不一的“厂商”呢？科斯慧眼独具提出解释：虽然企业家可以在市场上买到所有的人力物力，可是找货、比货、访价、议价等都要付出时间心力，因此，成立一个常设性的公司（厂商），就可以减少或免去“利用市场”的成本。这种见解还有更广泛的涵义：在面对各种决策时，人可以先撷取外在的一些数据作为参考指针，然后再在主观上做一些比较斟酌，最后才是行为上的取舍。

不过，不管是科斯的本意或引申的解释，《厂商的本质》这篇论文还隐含了一点非常重要，但常被人忽视的启示：不论是在市场或在其他的范围里，聪明的人都会根据自己对主客观条件的评估，而作出对自己而言最好的选择。旁观的人永远毋需、也不应该自以为聪明或以人为神地借箸代筹！

我转头看看正平稳自在开着车的老板，心里想：如果由我们经济学家来规划设计“最适”的搬家公司，不知道会搞出什么样的东西？

突然，“三人行，必有我师焉”的古训在我的脑海里出现。

第 7 章

比较优势

在大陆爆发惊天动地的文化大革命之前没多久，湖南长沙中学一位不满二十岁的高中学生杨曦光发表了长文——《中国往何处去？》，这篇重要的历史性文献后来不但在大陆广为流传，海内外也传诵一时。

“文革”开始之后，杨曦光以反革命的罪名被判处十年的徒刑。在监狱和劳改营里，他和各路英雄好汉聚在一起，琢磨出敏锐的观察力，有了对人性更深刻的体会。他也利用时间自修数学和经济学，还请其他的狱友帮他补习英文。

出狱之后，杨曦光改名为杨小凯，而后辗转到美国留学，取得经济学的博士学位。经过长期的努力，现在杨小凯已经是国际知名的经济学者。他曾到系上访问研究，我们有过很多的机会共餐聊天。每次交谈，总能清楚地感受到他对学术的企图心和使命感，以及他对学术研究这个冷板凳的执着。

杨小凯在学术上的主要慧见和经济学的基本理论有关，经济学鼻祖亚当·斯密主张，在专业化的分工之下，人人各尽所长，然后经过市场里的交换，买卖双方各蒙其利。可是，虽然亚当·斯密指出分工的重要性，却没有进一步地解释如何分工。经过经济史上其他几位大师的推敲之后，“比较优势”的解释慢慢地成为定论：即使日本在生产汽车和塑料鞋上都比中国大陆占优势，但是，“比较之下”，日本在汽车上占的优势更多，所以，值得专注于生产汽车，而把塑料鞋的生产让给中国大陆。

“比较优势”的观点一直为经济学者所接受，直到杨小凯的出现。

他质疑这种解释，而认为：即使两个人（或两个国家）先天上完全一样，彼此都没有比较优势，但是只要两个人各选择一种工作，分工之后的专业化会自然累积成后天的比较优势。而且，专业化所形成后天的比较优势还可以引发出进一步的分工，也就是更精致细微的专业化。层层累积之后，市场的广度和深度都会不断地增加，人所能运用的资源和所享有的自由当然也就与日俱增。

杨小凯的分工理论不但为经济学的基本理论提供更稳固的基础，对社会的进展也有相当的解释力。在农业社会里，大部分的人日出而作、日落而息，可是只得温饱，原因很简单，因为一个人要独力完成生产过程上的每一个环节，没有分工，当然也就无法享受专业化所带来的好处。在现代工商业社会里，一个人只在千千万万个市场中的某一个（小）市场是生产者，然后就能以所有其他市场消费者的身份，享受其他人专业化生产的成果！

不过，杨小凯的分工理论所隐含的不全是正面的讯息。当人在生产上的责任越来越细致琐碎时（例如，我只会教好两门课），一个人事实上也变得“越不能”自给自足。一旦某些小波动造成经济起伏，局部的问题就可能引发连锁反应，而工商业社会高度专业的现代人就几乎只有随波逐流、坐以待毙的余地了。

而且，更令人耸然心动的是市场分工对“人”的影响：当一个人可以只在千万个市场之一里负起一丁点生产的功能，而在所有其他的市场里消费时，人等于是“依赖”整个市场的支持。不仅是衣食住行而已，人的喜怒哀乐、乃至于生老病死的各种需要都可以、而且会由某些市场所提供的产品来满足。人的责任逐渐萎缩，但权利却慢慢扩充。可是，继续分工、专业化、再分工……之后的“人”到底是什么？

我曾问杨小凯这个问题，他谦和地笑笑，说他知道有这个问题，但眼前还有很多问题没有想清楚，不敢去想层次这么高的问题。他应该只是客气。不过，等他把这个问题处理清楚、发而为文，不知道他的传世巨著会不会命名为“人类往何处去？”。

经济学的世界观

今天下午刚开始上课，我就告诉在座的学生们，前两天我在省训团“传教”——宣扬经济学的教义时，有一个年轻人以几近挑衅的语气问我：“经济学是西方发展出来的东西，对我们中国人有什么用？中国人不要经济学也活了五千年，何必要拾人牙慧地唯别人马首是瞻？”

讲完之后，我问研究生们，如果碰上这种问题，他们会怎么办？有一位说：“遇上不可理喻之人，就不要理他算了。”另外一位说：“对于这种人，拿个大木棍一棒敲下去就好了。”大家哈哈大笑，好像都很赞成的样子。

我告诉他们自己当时的回答：人当然不一定要学了经济学才能过日子，把世界上所有的经济学家都关在集中营里，这个世界照样正常运转。不过，就像教育一样，九年国教是最近几十年的事，虽然历史上从来没有九年国教，一样可以发展出五千年的文化。可是，相信大家都会同意，受了九年国教乃至于十二年国教之后，对绝大多数的人以及对整个社会而言，都是比较好的状态。同样的道理，在许许多多学者的努力之下，经济学已经累积了很可观的知识和智能，这些知识和智能足以提升人力资本，因此，如果一般民众都能具备基本的经济学观念，整个社会也会变得比较好一些。

除了这个观点之外，我说，回台北的车上我又想到了另外一点：过去在农业社会里，大部分的人主要是顺着春夏秋冬、周而复始的四时变化，然后遵循着祖先流传下来的传统智慧和风俗习惯来应对就可以了。可是，在现代社会里，大家都要面对过去所从来没有出现过的问题：要就业还是要继续求学？要不要让孩子去补习？要住市区还是郊区？在处理这些问题时，传统智慧和风俗习惯几乎帮不上忙，如果我们能根据一套前后一致、合情合理的思考方式来应对，显然要比靠直觉率性而为要好得多。经济学是一种世界观，是一种看事情很基本的方法，如果能有一些经济学的基本训练，当然有助于面对日新月异的时空变化。

我讲完以后，研究生们没有再表示意见，不过，由他们的表情上看，似乎对经济学又多了一份自信，而且也稍微体会到万一碰上率直的挑战质疑时，可以怎么自处。可是，下了课之后，我却觉得意犹未尽，似乎有些地方还可以处理得更好。

由比较抽象的层次来看，今天经济活动已经成为主导人类活动甚至是人类历史最重要的力量之一。对每一个人而言，食衣住行育乐，乃至于生活的各个层面，都相当程度的是通过市场交易而进行。对一个现代社会而言，经济活动所引发的核能、环保、失业等问题，更直接间接地影响到每一个人的安危和整个社会的祸福。

更重要的是，随着经济活动越益繁复、市场规模不断扩充，“人”的意义都已经发生根本的变化。过去，在传统的农业社会里，一个人耕渔织布、自给自足。现在，在现代化的社会里，一个人只在众多市场之一里以生产者的身份，从事一项可能非常简单的工作，例如，开公交车、推销商品。但是，他同时却能在所有的市场里以消费者的身份，享受所有其他人的努力成果。人的某些功能逐渐退化，但所能体会和经历的世界却远大于往昔。如果能稍稍了解经济学的内涵，不是比较能从高处着眼地掌握历史的脉动吗？

好久没有和我朋友里的社会学家、政治学家和法律学家碰面聊天了，不知道他们是怎么看这个问题的？

有条件的福祉

前两天为了收集一个项目研究计划的资料，到政府部门去拜访一位主管教育的官员，预计访谈的时间是四十分钟。

我准时赴约，见了面才发现他要比媒体上看来还年轻。这是位专攻心理辅导和精神异常行为出身的学者型教育官员，也是台湾地区第一位由教师们投票行使同意权的教育工作者。他带着中度的近视眼镜，说话诚恳，令人一点都感觉不出有政府官员的架势。

我把来意说明，然后我们就针对问题，迅速而有效地交换意见。后来，不知道谈到哪个主题，他突然讲到最近访问美国的亲身经历：他到一所特殊教育的机构参观时，看到一位肢体严重残障的年轻人。这个十九岁的年轻人上半身肌肉萎缩，下半身只是一团肉块。因为他完全不能控制自己的四肢，也不能说话，所以，在前额上安装了一个特殊的光纤器。利用这个光纤器发射出来的光束，他可以读、写、说。结果，在这么艰困的条件下，这个年轻人在三位专职人员的照顾和协助下，竟然得到一个全国性的文学奖！

讲完这个感人的故事之后，他就提到自己的政见之一就是要大力推展特殊教育，要积极地维持人的尊严、积极地让每一个人都有开发潜能的机会。可是，对于他的构想，负责管钱的财政主计单位却似乎不太热衷。

房间里的气氛有一点庄严、凄美，不过，我忍不住讲了一个有点残忍的事实：现在台北市主要道路旁的人行道上，都已经铺上了盲人用的导盲砖。这显然是因为经济发展使大多数“正常人”都享有相当的物质生活之后，才有条件开始注意到少数残障者的福祉。二三十年前难道没有盲人吗，为什么那时候人行道上没有导盲砖？

我的讲法显然和坐在我对面主人的观点大相径庭，他有点急切地张大了眼睛，连连摇头：当然不是这样子的，十八九世纪的欧洲经济并不特别繁荣，可是特殊教育却已经办得有声有色！

即使他语调里已经有点急促，不过态度上还是温文儒雅，我也就率直地反问他：在特殊教育里，如果能有两三位医护人员专职照顾一个孩童固然很好。不过，这应该是特例，或者应该是一般性的做法？对于其他大多数正常的小朋友，又该花多少人力、物力呢？

我们谈得兴起，不过已经超过预定的时间，门外沙发上也已经有人等着见他。我起身告辞，并且送给他一本我的文集。他笑着问：经济学的东西我看得懂吗？

在回研究室的路上，我忍不住回想起最后这段有点热烈的对话。

教育部官员根据自己的专业素养，强调特殊教育很重要，可是，抽象地看，一件事物的意义是由其他条件所衬托出来的。因此，在思索资源运用的问题时，就值得把各种可能的做法放在一起，在彼此对照之下，再作权衡取舍。特殊教育是不是重要，其实要和其他教育做比较：特殊教育和正常教育各应该占用多少资源？同样的观点，有人认为国中教育很重要，可是，重要到什么程度？因此，值得把国小、国中、高中放在一起考虑，各应该得到多少资源？范围再扩大一些，就是“教育”和“非教育”的比较问题。教育很重要，环保是不是也很重要？国防呢？治安呢？所以，个别来看，每一件事都很重要。但是，站在像“教育部”官员这种决策者的地位，就值得或者不得不从较广泛的角度来思索。而一旦把层次提高，问题的性质一定变成是“相对的”而不是“绝对的”！

有趣的是，当教育官员将来变成位阶更高的官员时，不知道他还会不会再一直强调特殊教育的重要。或者，如果有人主张资优生的特殊教育比资弱生的特殊教育更重要，都是“特殊教育”，不知道他会怎么样取舍？

远庖厨之后

学校里陆陆续续的在盖宿舍，然后按老师的薪级年资计点分配。我们等了七年多，终于配到了一户位在五楼的公寓。

因为是新盖好的房子，所以里面空无一物。我们免不了请人稍做设计，添些书柜衣橱之类的设备。我对这些事所知不多，也没有兴趣，因此，一切大小决定都由一家之主的内人负责接洽处理。忙了几个月以后，终于大功告成，我们有了乔迁之喜。

搬进新居没多久，我就发现了附近环境的特色：离家不到二十米就是一个小型的市场，方圆二三百米之内有四家便利商店和不下三四十家大小餐馆。对于我这种不事生业，喜欢逐水草而食的人来说，这里简直是人间天堂！

有一天和内人在客厅里聊天，她说：如果能把后面的阳台打掉、把餐厅往后移，那么，客厅和餐厅相连，再延伸后将是很大的一个空间。我突然灵机一动说："反正附近吃东西的地方这么多，如果能把厨房打掉，空间不是更大。"她马上回了一句："虽然附近餐馆多，但是总有些时候是要在自己家里开火。有哪个家是没有厨房的？"我好辩成性，当然不甘示弱："以前农业社会里哪一个家里没有几亩田？二三十年前哪个家里没有自己的院子？"她不置可否，但以一种奇怪的眼光看着我，我也就没有再多发谬论。

晚上到附近的七号公园去跑步时，我边跑边想厨房的去留问题。

我当然知道，即使附近的餐馆再多，24小时营业的便利商店再近，总不可能完全取代自己家里的"厨房"。而且，到外面去吃饭，去买东西，总要花时间来回上下，要穿戴得像个样子，自己在家里可以自在随兴得多。不过，这显然是一个权衡比较的问题："有厨房"有很多好处，也有一些缺点。"没有厨房"有很多缺失，但也有一些优点。所以，持平的态度并不是以有厨房的好处来否定没有厨房的缺失，而是把“有厨房”和“没有厨房”这两点安排放在一起比较。心平气和地列出这两种“可能性”所有的优缺点，评估一下各个优缺点的轻重大小，而后再选择整体来说比较好的安排。不论最后的取舍如何，都隐含着利弊共存、各有得失的结果。享受“有厨房”的好处，就意味着承担有厨房的缺点，以及不能享受到“没有厨房”的优点，和避免面对那种安排的缺失，反过来看，也是一样。

不过，有没有厨房只是一件小事，重要的是由这件小事上所透露的讯息：“厨房”本身并没有什么绝对的价值，厨房的意义、内含和功能其实是由其他条件所衬托出来的。住在荒郊野外的人，当然需要自己动手做汤，没有厨房不行。对于住在小吃街、便利商店附近的人而言，环境中的这些条件在相当程度上提供了“厨房”功能，因此，也就可以在某种范围里取代自己家里厨房的地位。对于那些膝下无子女或子女已大的双薪家庭而言，更可以仰赖环境里的资源。所以，即使现在想来“没有厨房”是不可思议的事，当环境里主观客观的条件进一步地变化时，谁说未来的家庭一定要有自己的厨房。

“家有庖厨”的联想还有一点很有趣的含义：人对环境里人、事、物的认知往往习以为常，不加思索。由小到大的成长过程，一个人会自然而然地接触和接受很多讯息，而后在行为上也就以那些讯息作为认知和取舍的标准。可是，当环境里的事物发生变化以后，这些讯息的意义事实上值得重新思索和界定！

想清楚了“家里不一定要有厨房”的理由之后，我想也许下次我可以向一家之主建言。不过，如果她回一句“家里也不一定要有丈夫”怎么办？我一个踉跄，差点绊倒自己。

“生产”责任的转折

前两天是星期天，下午带六岁的儿子去参加“抓鱼乐”的活动，这是我们所属的一个健康俱乐部举办的。游泳池先放掉一部分的水，再倒进一百八十斤的鲤鱼、鲫鱼、吴郭鱼、鲢鱼；大人小孩人手一副粗布手套、加上蛙镜，然后就各凭本事。

我们的运气不错，抓了九条大小不等的鱼；大的长三十余公分，小的也有二十公分左右。回家之后，死的鱼放冰柜，还活着的养在洗澡池里。接着，问题来了：怎么处理？一家之主的内人明确表示：她“不会”杀鱼，也不会抓鱼。因此，她最多愿意把死的鱼拿去家旁边的菜市场，请卖鱼的小贩帮忙清理，活的鱼由我处理。

所以，今天早上七点起床之后，我就先把澡池里的五只鱼装好，带到菜市场去。根据内人的指引，找到她常买鱼的地方，把鱼交给老板，又大手笔地买了五百元其他的鱼之后，就站在旁边看老板挥洒。看着看着，我忽然觉察到这整件事的趣味。

“旧女性”要操持大小家务，十八般武艺自然样样精通，因此，不可能不会杀或抓鱼。“新女性”走出厨房以后，自然义无反顾，即使是会杀鱼，也要破旧立新地说不会。“旧男人”本来就远庖厨，“新好男人”以雅痞自许，当然更不可能自甘堕落。所以，虽然我小时候杀过鱼、杀过鸡，（我的同事还杀过猪！）现在我却找不出任何理由要重新披挂上阵。

其实，“杀鱼记”的曲折并不在于男人和女人之间的战争，而是反映了古早和现代、过去和未来之间的转折。

在农业社会里，一个人或一家人要播种收割才勉强得以温饱；在面对大自然的风霜雪雨时，要彼此扶持以求自保。每一个家庭就是一个小的经济体系，这个经济体系要自己解决所有关于生产和消费的问题。社会逐渐进展之后，经济体系的广度和深度都迥异于往昔。每个人只是整个经济网络上一个小的不能再小的环节；只承担一点点生产上的责任（邮差送信、老师教书），但是在消费上却享受了其他千千万万个人努力的果实。

当分工越来越精细，专业化的程度也就越来越高；每个人所需要及所能做的事当然也就越来越少。而且，一个人不但不能一手打造出一辆汽车，人事实上也逐渐不能也不愿自己动手洗衣服、作馒头和杀鱼。无论是主动的选择或被动的雕塑，现代人和古早人确实有很大的不同。

更重要的是，人不仅在"生理能力"上有急遽的转变，人在"生理结构"上也正面临着前所未有的考验。医疗科技的高度进展，已经使器官移植慢慢变成家常便饭；将来，每个人都可以从自己身上淘汰掉"不好"的器官，再换上一个"好"的器官。而且，生命科学和遗传研究上的突破，已经指向更根本的转折：未来，人将可以选择自己的基因结构；过滤掉"不好"的基因，只保留"好"的基因。这不是在出生之后再"移植"，而是在出生前就"塑造"。不但不会再有各种先天性的残障智障，而且，呱呱落地的"新"人类都将是尽善尽美的完人！

不过，这种发展却也令人悚然心惊。在这种"造人工程"下的产物，是人还是物？或者，从另一个角度看，"人"的意义到底是什么？人，是不是由某些很根本的、不可动摇的概念来界定，还是只是一堆基因原子分子所构成血肉，本身没有内涵，所有的内涵和意义都是"被"决定的？

“头家，鱼杀好了。”老板一句话，抖落了我一头的遐想(大概还有一脸的茫然)。我提着抓来的和买来的两袋鱼，慢慢走回家；清晨空气清新，我却觉得心情分外沉重。

你的房屋，我的房屋

和儿子一起成长的责任之一是念故事书给他听。前几天，由他从书架上抽出两本书，由我高声、不可以故意念错的朗读给他听。

其中一本的书名是《你的房屋，我的房屋》。这是由日文翻译成中文，伴有插图的“精选世界图书丛书”之一。书里先画图说明了有房子的好处：可以避风避雨避太阳，然后，开始一一述说房子的结构。房子要有出入口、屋顶、墙壁，房子要有门和锁，要有地板和窗子，还要有厨房和厕所。在快结束的地方，故事书里似乎有个结论：房屋就是人类动脑筋想出来、做出来的一个很大的生活工具，它把各种使生活方便的工具集中在一起。

念着念着，我发觉这本书竟然和最近我与内人争执不下的问题有关。

几个星期之前，我们搬家，搬到一个附近有市场，而且有非常多餐馆小吃店的地方。我大发奇想地告诉她，其实我们可以把厨房打掉，因为我们可以利用附近的资源来解决民生问题；厨房打掉之后的空间可以作任何用途。一家之主的内人期期以为不可，她认为哪一个家庭没有厨房，附近的便利不可能完全取代厨房的功能。

我觉得意外又有趣的，是儿子故事书里和我对“厨房”不同的认知和解释。

在故事书里，你的房屋和我的房屋都有很多部份，厨房是其中之一，而且是很重要的一部分；有了厨房，所以一家大小有地方可以做菜煮饭烧水洗碗。如果没有厨房，显然没有办法处理这些和日常生活息息相关的事。在我的想法里，厨房也是个能洗碗烧水煮饭作菜的地方，可是作这些事是为了解民生问题。如果以其他的方式能发挥同样的功能，自己家里就不一定需要厨房。

故事书里提供的，是一种直接而且绝对的因果关系：因为要吃饭，所以要有厨房。我所主张的解释，则是一种间接而且相对的因果关系：因为要吃饭，所以要有解决吃饭问题的做法。厨房只是其中可能的方式之一，还有其他可能的方式。

故事书的描述里，因为厨房是具有绝对的地位，所以没有好坏利弊的问题。在我的看法里，厨房并没绝对的地位。厨房的好坏利弊，必须和其他方式对照比较。住家附近如果有很多餐馆小吃，自己家里有厨房的“弊”显然就很严重。因此，好坏利弊是相对的。而且，每一种方式同时包含着利弊和好坏：有了厨房，享受到有厨房的利益和承担了有厨房的缺失，但同时也失去了享受没有厨房的利益和避免承担没有厨房的弊害。一件事物的意义，是由相关的其他条件所衬托出来的！

当然，我觉得最有趣的，是“两种不同的世界观”所蕴涵的启示：不论是“直接的因果关系”或“间接的因果关系”，都各有描述和解释实际现象的能力。而且，在成长学习的过程里，对事物直接简单的描述和解释很可能是必要的。可是，这种认知方式隐含的，是每一件事物都有关于它这件事物个别独自的解释；不同的事物就意味着不同的意义。相形之下，间接地描述和解释隐含着一种通则：一件事物的意义，是由其他相关的条件所衬托出来的。由这种角度来认知和解释实际现象，几乎有“吾道一以贯之”的简洁和有力。

抽象的看，“直接的因果关系”和“间接的因果关系”这两种世界观显然也各有利弊。对于不同的人或者不同年龄的人来说，可以或应该如何取舍呢？如果要有所转折，又可以怎么由其中之一过渡到另外一种？

或许，“你的房屋，我的房屋”指的不只是肉体上居住的地方，而隐含着智识和思考上安身立命的取舍吧。

想得很清楚的经济学家

傍晚在家里陪儿子走迷宫时接到一个电话，是一位报社专栏组的记者打来的。她希望我能为“民众健保”写篇文章，分析一下这个制度的利弊得失。虽然我一向不喜欢评论时事，可是民众健保的问题确实很重要，而且刚好开始放春假，时间比较多，所以，我就勉为其难地答应提笔。

记者小姐很积极，她进一步希望我能尽快交稿。我推托一阵之后，就半开玩笑半认真地说：“只要你大幅度地提高稿费，我就会马上构思提笔！”她笑着说：“经济学家果然是‘算得很清楚’。”

对于这样的调侃和揶揄，我当然早已司空见惯的不以为忤，不过，挂上电话之后，我却饶有兴味地开始琢磨我们最后一小段对话的意义。

对我而言，虽然春假连续放好几天，时间比较宽裕，可是，手上还是累积了好多事：有一些学生的报告要评阅，有两份论文要审查，还有自己的一篇论文要修改润饰。而且，已经计划要全家大小一起出去玩一玩，书架上也有好几本早就想看而还没有看的书。这些事里面有些事非作不可，有些比较有弹性，可以往后延。所以，多加上一篇评论并不是太大不了的事，总可以挪出时间来应付。

可是，对于这些大大小小的事情，自己心里大致上已经有轻重缓急的先后取舍。的确，如果出现一些突发状况，优先次序可以随时调整。譬如，如果儿子突然发高烧住院，其他所有的事大概都可以暂时不管。不过，在没有特殊的情况下，我就会依原先的设想循序渐进。对我来说，帮报纸写文章只是多了一件待完成的差事，在优先次序上并不特别重要。因此，如果记者小姐希望我能调整我的安排，她当要提出足以影响优先次序的理由：她可以盛赞我的文字优美、分析敏锐，也可以套交情、叙关系，还可以就事论事地强调这篇评论稿的重要性。无论如何，她总要能找出理由来说服我，让我觉得值得放弃原来的先后斟酌，而把“写评论稿”的次序往前挪。

我所提出“增加稿费”的建议，是借着稿费提高这个因素，衬托出这篇稿子的重要性，让“这篇评论稿”和“其他事情”的相对地位改变。这是把“金钱（写稿）”和“其他事情”放在一起，然后比较两者之间相对的轻重大小。如果记者小姐以套交情来说服我尽早动笔，等于是以交情浓淡这个因素来衬托这篇稿子的重要性；等于是把“交情（写稿）”和“其他事情”放在一起，然后比较两者之间的相对大小。无论是以金钱或交情烘托，对我来说都面临取舍权衡的问题。

因此，重点在于“比较”这个有意识或无意识的过程。当我们面对工作上和生活里大大小小的事时，到底可以或应该怎么思索？找哪些相关的因素作比较呢？想一想，即使是以抽象的价值为思路，显然也免不了要经过个衬托、比较的过程——如果两个报社的记者都向我约稿，也都向我套交情，我不是还得在“人情远近”这个价值上作一番思量吗？

也许，经济学家不是“算得很清楚”，而是“‘想’得很清楚”。不过，到底“想得很清楚”是不是一定比“想得不清楚”来得好？对于这个问题，恐怕就不是经济学家所能轻易回答的了。

美食当前的婉转陈情

一年多前，因缘际会认识了知名的社会学者高承恕教授。他发觉我这个经济学家讲的话他听得懂，写的文章他看得懂；我发觉他这位成名甚早、比我大七八岁的社会学者丰采气度非常迷人，所以，没见两次面就有相见恨晚的情怀。

后来和内人一起参加他在岁末请学生、朋友的盛宴，见到高师母，更深深地体会到“成功男人的背后一定有一位伟大的女性”这句话的意义。当天晚上我心情愉快，所以多喝了几杯，然后在他们崭新的轿车后座小吐一场。他们大人大量，我自己则是汗颜得可以！

前几天到台中一趟，他们又客气地请内人和我到他们府上——在学生、朋友间颇富盛名的“高家老店”——便餐。

房子里陈设典雅舒适，院子里有他们养的十八只狗互相唱和。我们在客听里抽烟斗、浅酌好酒、听音乐、闲扯，称心快意得很。然后，高师母端上精心调配的几道菜，其中一条红烧鱼尤其香味四溢。高老师和高师母低头祷告时，我一直盯着那条鱼，就等着说“开动”。

祷告完，我正要动筷子，高师母不慌不忙地说道：“秉元啊！前一段时间在报上看到你的一篇文章，说家里不一定要有厨房。是真的吗？”

我心里暗喊一声“不妙”！

高师母一讲，我就知道她要挑毛病。可是，美食当前，在此情此景之下论对，我觉得她有点乘人之危，胜之不武。当然，我放在心里不敢讲。我说：“那只是利用厨房当例子，在观念上探讨一件事情的意义！”我希望赶快结束这个话题，赶快开动。

高师母显然不满意我的敷衍之辞，而且她早有准备：“你看，如果没有厨房，我们今天怎么会有桌上的这些菜呢？平常在厨房里做东西，夫妻两个人有多少话可以讲。你能想象一个家没有厨房吗？”

如果活到四十岁还不知道“好汉不吃眼前亏”的道理，那可真是白活了。

我马上接口：“说的也是，这个问题我回去还要再仔细地、好好地、慎重地想清楚。”高老师在旁边不动声色，但是知道“厨房派”已经占了上风，就开始动筷子。这一顿饭的滋味，长在我心。

事后想想，其实高师母的观点和我的看法并不是彼此排斥、互为极端的。对我来说，厨房的重要主要功能是解决民生问题；因此，如果利用环境里其他的条件能更有效地处理这个问题，为什么不这么作；而且，还可以把厨房腾出来的空间作其他的安排。对于高师母（还有冷眼旁观的高老师）而言，厨房的原始功能固然是解决民生问题；不过，这个功能却慢慢衍生出其他的意义，像培养夫妻情感、凝聚“家”的感觉等等。而且，这些其他功能的重要性，可能甚至会凌驾原来单纯的意义，在这种情形下，一个“家”当然不能没有厨房。

所以，追根究底，厨房的意义如何，可缺不可缺，能不能以其他的方式来取代等等，显然要看环境里主观条件和客观条件彼此怎么配合。在某些情况下，对某些人来说，厨房是必要的；对于某些人来说，厨房是可有可无的；对于少数某些人来说，厨房是不该有的。换句话说，一件事物的意义，事实上是由其他条件所衬托出来的——这其实正是我原先的主张。

在辩论台上舌剑唇枪，和在“高家老店”美食前婉转陈情当然是不一样——一件事物的意义是由其他条件所衬托出来的！

第 8 章

人是自利的

每个新学年开始上课，谈到经济学的两大假设——人是有理性的、人是自利的总不可避免地会遇上一大堆质疑。尤其是对于“人是自利的”这个假设，几乎总会引发一场情绪亢奋、情感超过理智的论对。

记得上次碰上同样的质疑，我谑而不虐地反问坐在台下的同学：如果各位认为人不是自利的、而是利他的，那么，请各位想一想，有谁在上菜市场买水果的时候，是尽挑那些最烂、最丑、最酸、最不漂亮的水果？把这些挑走之后，好让（利他的）别人能买到最甜、最美、最大、最香的水果！有没有这样的人？如果在座有哪一位认识这样的人，请马上告诉我，因为这个特立独行的反例，就足以摧毁经济学的两大假设之一，也足以推翻经济学！

台下同学听了我这番有点嘲讽、又有点挑衅的话，脸上清一色地布满了义愤填膺的神情；但是，却又找不出例子来反驳我。如果我没记错，有一两个同学似乎气得想夺门而出。

这个学年马上就要开始，可以想见又将会有一场刀光剑影的舌剑唇枪。为了怕现在年轻人一时冲动发生什么意外（或者我自己发生什么不幸），我决定换个方式，从比较理性的角度来处理“人是自利的”这个问题。

经过一段时间的思索，我觉得事实上可以从很多角度来思索“人是自利的”这个假设。对于那些反对“人是自利的”这种假设的人而言，他们可以举出很多反例。

譬如，参与慈善事业、济弱扶贫、为朋友两肋插刀等，都不是“自利”而是“利他”。可是，仔细想想，这些高风亮节的义行还是可以解释成是“自利的”。只要把“自利”的范围稍微扩充，而涵盖了对于自己名誉、声望、地位的追求，就可以解释：在所有这些懿行的背后，其实是希望得到别人的掌声、希望能提升自己的地位；或者，这么做是为了得到“自己”的喝彩，让自己觉得自己是个有德之人。因此，对于好人好事，确实也可以从“自利”的角度解释。

如果有人觉得，把“扶老太太过街”都解释成是沽名钓誉的“自利”，未免太侮蔑人；那么，“人是自利的”还可以从另外一个较宽广的角度来解释。就像一道菜有色香味等多种特性一样，人的每一桩行为也包含着许多“面向”；也就是有多方面的意义。在这许多层的意义里，至少有一项或有一部分是“自利的”。所以，扶老太太过街虽然明显是“利他（她）”，不过，在扶老太太过街的同时，难道没有“得到别人的肯定”、“心理上自我满足”这些其他的收获吗？

这些“利他”和“利己”的面向掺杂揉合在一起，当然很难分得一清二楚。不过，每个人都可以推测一下：当看到一位老太太过街，而自己或者要赶着参加重要的会议、或者刚好带着自己的子女、或者身边刚好有自己很在乎的上司、长者；那么，在哪一种情形下自己比较会“利他”地扶老太太过街，在哪些情形下自己又比较容易“利己”地视若无睹？

再退一步想，即使承认“扶老太太过街”是完全无我的“利他”，不过，在生活里这种机会毕竟只是少数。对个人而言，生活里绝大多数的时候是面对着买水果、买衣服、自己的升迁等等这些平凡俗气、但很真实的事。在处理这些事时，自己的斟酌取舍到底是“利己”为主、还是“利他”为主？既然经济学探讨的是大多数人、正常的（经济）行为，难道能说“人是自利的”这种描述不合常情常理吗？

不知道想了这么多的理由，能不能在课堂上过关；也不知道一直强调“人是自利的”这种假设，是不是在提供关于人性的反面教材？

物以稀为贵

一两个月之前，我应邀到法律系一位老师的课堂上去介绍一些“法律经济学”的概念。我用好几个具体的例子来说明，经济学其实是一种看事情的方法，可以运用到政治、法律、社会人的行为的各个面向上。

我举的例子之一是父母和子女的关系。很多研究发现，如果父母期望将来和子女相处在一起的时间比较长，就会在孩子成长的过程中投入比较多的心血；还有，父母对于和自己住在一起的子女媳婿通常比较严苛，但对于住在外地的后生却反而比较和悦客气。我说，从经济学的角度看，人是自利的，如果明知将来不会和子女长久相处，当然比较不会付出无谓的心血。还有，和自己同住的子女亲戚可能别无去处，凶一点无所谓，对在外的子女“垄断力”有限，对他不好，以后就会不常回来了，所以，厚彼薄此当然事出有因。

我讲完之后，现在已经荣任大法官的老师笑眯眯地说：确实有这种现象。——他每次从台北回乡下，他高堂老母一定杀鸡宰鸭、忙进忙出；对他嘘寒问暖、无微不至。他的姊妹看了都有点嫉妒！

教室里的师生听了都笑出声来，我也觉得他亲切自然的呼应很有趣；不过，后来再想起我们这段唱和，我觉得还寓有深意。

在经济学里，“人是自利的”是一个很根本、也很重要的假设。人希望而且会自求多福。父母对于外地回来的子弟亲热异常，倒不完全是因为久不见面、新鲜得很。父母这么做有一大部分的原因是，这么做远地的子女才可能或者心有愧疚而愿意偶尔回家。相对的，那些平日就在身边的子女可能无处可去，所以对他们稍微“坏”一点也无妨。要不然，只要比较一下婆婆对“家庭主妇的媳妇”和“职业妇女的媳妇”态度上的差别，就可以更微妙地体会出其中的曲折！

所以，即使是最无私、最深厚的伦常亲情，都免不了受到人性自利的节制。人，就是人，人的特性会反映在人行为的每一个面向上。而且，在亲情中所掺杂的利害考虑，可以说正深刻而巧妙地烘托出“人性自利”的意义：人在作行为的取舍时，总是先想到“自己的”喜怒哀乐、总是先顾到“自己”家小的安危福祸，这可以说是再正常不过了。即使乍看之下“公而忘私”、“舍己为群”的事迹，只要稍加追究，也可以看出在崇高神圣的光环之下，多少有一点“自利”的影子，这正可以解释为什么乐捐济贫的时候，“无名氏”的比例并不高；而且，就算是“无名氏”，这些无名氏捐输时心理上的自我满足，当然也是自利。

事实上，就是因为在绝大部分时候，人的行为都是基于狭隘的自利，而不是自利和利他并存；所以，那些偶然出现、可遇不可求的义行善事才会受到推崇景仰——物以稀为贵。试想，如果绝大多数的人、在绝大多数的日常行为上都是完全地奉献牺牲、大公无私，那么，这些“舍己为人”的行为又有什么特别？难道还会被称许歌颂？因此，这些少数“利他”的举止，刚好倒过来衬托出“人是自利”的平凡和平实。

据说前一段时间某个慈善机构举办筹募义演，晚会的座次分区售票。最前面、最中间的座位最显目，当然票价最贵。结果，因为盛况空前，一票难求；“特别座”的席次竟然出现了黄牛票大家争着做善事，也争着让别人看到自己在做善事！人，其实就是人，也只是人！

供给和需求的另一种思考

早上从台北坐车回台中，到台中时已近中午。办完一些简单的琐事之后，我发现自己正在台中女中附近，就刚好走几步路到“菜根香”面吃午餐。

自己一个人落座在一张小桌子旁，点了招牌面和小菜以后，我不禁回想起有关这家面馆的一些点滴。

菜根香的老板是大陆北方人，三十多年前退伍之后，就在现在这栋富丽堂皇四楼建筑的附近，搭了一个临时的棚子卖牛肉面。我记得读小学时还偶尔会提着圆桶形的餐盒，骑十分钟左右的脚踏车到面棚来买面。老板做的牛肉面浓郁可口、与众不同，在近悦远来之后生意越做越大。不但当年的竹棚变成现在的华厦，菜根香还在南北开了多家分店，由台中的总店每天以专车把秘方炖熬的牛肉汤，送到各地的分店去。

我还在脑海里想象当年墙边矮矮的面棚子，侍者已经端来一碗热腾腾的牛肉面。我连吃了几大口，又喝了好几口汤。虽然我肚子又饿，心理上又已经“准备好”要喜欢这个和自己的童年有某种牵系的东西；但是，我却发觉牛肉不再是那么的美味，汤也不再是那么的香浓。牛肉面不但和记忆里的不太一样，甚至也不见得比其他地方的牛肉面好。

这到底是怎么回事？我慢慢地把面一口一口地放进嘴里，也试着琢磨出一点体会。

最直截了当的解释，当然是“菜根香”自己的问题。或者是秘方失传、或者是秘方里的原料和过去的不一样，所以，今不如昔。不过，姜是老的辣，两鬓斑白的老板还是殷勤地楼上楼下招呼客人，活秘方还在；而且，两岸交流之后，各种原料的货源更充裕，应该也不是问题。

另一种可能是有人见贤思齐，慢慢摸索出类似的配方。然后，就像台中的“太阳饼”和“一心豆干”一样，仿冒品的味道和真品的味道变得相去不远。群起效尤、鱼目混珠的结果，是“本铺”的东西不再那么突出、那么高人一等。这种解释当然有某种程度的说服力；不过，除了菜根香“供给”方面的这些因素之外，应该还有其他的解释才是。

从我这个消费者“需求”的方面因素来考虑，可能感觉更清楚。小时候大家的物质条件普遍都不好，三餐也多半是自己家里开火；偶尔有机会吃到外面买来的东西，心理上总是特别的兴奋，自然也容易觉得东西是特别的美味。长大之后，在外面用餐变成常态，新鲜感早已消失不见，别人做的东西自然也不像以前那么有吸引力。

而且，在外面用餐的人口增加之后，多的不只是和菜根香类似口味的牛肉面。像中西快餐、日本料理、地方小吃等，各种餐饮百家争鸣、百花齐放，牛肉面只是争奇斗妍的千百种食物之一。因此，即使菜根香在“牛肉面”这一种食物上胜人一畴，即使菜根香的牛肉面还是比我自己家里的伙食高明许多，但和其他独擅胜场的美食相比，也不过是千百分之一而已。两种因素烘托之下，菜根香的牛肉面变得平淡无奇并不为过。

不过，在这些显而易见的原因之外，我隐隐约约感觉到另外一种更深刻也让自己稍稍心惊的解释：成长之后，生活、工作和责任都不断地增加，也不断地变得得越来越复杂。占据自己最多心思的，往往是脑海里反复挣扎翻滚的一些思想概念。“吃东西”已经变成生活里很不重要的一部分，而且也不再会激起自己感官上太多的起伏。所以，很可能并不是菜根香的牛肉面变得不好吃，而是我自己变得不太在乎牛肉面的味道了！

我还是耐心地把眼前的牛肉面吃完。在起身去柜台付钱时，我忽然想到“看山是山”的三种境界，不知道哪一天菜根香的牛肉面会不会又变得很可口好吃？

金权政治的结构性因素

这学期开始，我的课除了自已研究所里选修和旁听的研究生之外，还有一位外校来的旁听生。她正在撰写硕士论文，虽然读的是不同的学门，但是她对于我教的课程有兴趣，所以误打误撞地来听课。

听了一阵子之后，也许她觉得上课问答讨论的方式比较有收获，就回到自己的研究所，在指导老师面前对我稍有赞美之辞。她的指导老师显然是位宽宏大量的学者，很客气地打电话请我到他们的所上去演讲。虽然这是“跨行”，我还是不揣浅陋地答应下来。

演讲当天，教室里除了他们硕士班的同学之外，博士班的研究生全部到齐，还有几位老师。我“无知就是力量”地侃侃而谈，用一连串的例子加上一些大大小小的笑话，来阐释经济学最基本的几个观念。研究生们好像听得蛮有兴味，还不时以很有礼貌的语气提出一些问题。因为大部分的问题我以前都碰到过，所以顺口答来、有板有眼，自己也不禁暗暗得意。

倒是其中有一位研究生问的问题一直停留在我的脑海里，数日不去。他问：“现在金权政治当道，候选人多是腰缠万贯关系企业的少主、掌门人或代理人。由经济学竞争的角度来看，政治会不会慢慢变成少数人的寡头垄断？”

当时我的回应是：“对于金权政治的现象，我们可以想得稍微深一点。在座的各位和我大概都不会出来竞选民意代表，因为我们眼前都有目标要达成，我们必须工作或读书。出租车司机、市场里的小贩大概也不会出来竞选；因为他们和我们一样，为张罗三餐而奔波犹恐不及，怎么会有闲情逸致出来竞选。因此，忙于生活工作的人不会出来参选，出来的显然绝大部分是有闲、而且有钱的人物。企业家、家财万贯、或两者集于一身的人正具有这种条件。而且，他们往往可以借着成为民意代表，而进一步地利用身份来累积名利。所以，我说，金权政治的形成有它背后的原因；在谋求改善现状之前，应该先设法了解在表象之下的结构性因素。”

演讲已经是上个星期的事，可是，这几天我还是常常在脑海里盘桓：在民主社会里，金权政治是不是一种必然的结果？能不能采取某些方式来避免这种结果？

就像大学联考是一种“筛选”的制度一样，在民主国家里，大多是以代议的方式来决定公共事务，而选出代议士的定期选举也是一种筛选的制度。筛选制度的特性往往会影响筛选的结果；因此，大学联考笔试下筛选出来的不一定是口才辩给、能歌善舞的人。同样的，一人一票选出来的也不一定会是童叟无欺、温文儒雅的人，因为投票只是一种“偏好汇总”的方式，并不保证结果。

更深一层的体会是：如果我们希望能通过选举，选出一些“好人”；那么，我们必须仔细思索这个过程的每一个步骤。首先，我们所讲的好人是什么样的人？是诚实、正直、年富力强、学养俱优、无一念之私（有这样的人吗？），还是其他？其次，是由我们自己来判断决定哪些是好人，还是由政党先帮我们过滤？如果负责提名推荐的人有他自己权位利禄上的考虑，怎么办？再其次，“好人”自己愿不愿意出来“做好事”呢？还是他觉得人生里有意义的事多得很，何必当民意代表？然后，即使千辛万苦地把好人送进了民意机关，成为我们的喉舌，可是谁来监督他们呢？是政党、舆论还是我们自己？

把这些因素都考虑进来之后，有没有哪一些制度能很适切地、经年累月、至始至终地把好人筛选出来呢？有没有？

这么一联想，我发觉自己对金权政治的问题真的想不出什么好主意。我实在不知道什么是好和不好。但是，我转念一想，也许，生活里永远存在着某种不确定、不令人满意的成分，我们只能尽其在我地妥为因应吧，就像那位研究生误打误撞地来旁听一样。

利益冲突

每年暑假期间，总要出公差似的去改高普考试卷，也总会在改考卷时碰上一些同事朋友，交换一些趣闻。

有人说，在短短时间里改完七八百份的试卷简直是“草菅人命”；有人是以“股票”来算绩效的今天又改出半张股票来了！有些试卷上的答案也真令人心旷神怡：有一个科目问“保护幼稚工业”的理由是什么？一位考生仔细阐述幼儿园教育的重要性；另一个科目问申报所得税时，哪些所得应该有特别的处理？一份试卷上列了“变动所得（中奖、赠与）”等之外，还加了一项“遮羞费”！

有一天改完考卷几个人搭便车回家，在车里七嘴八舌的讲这些趣闻时，有人突然冒了一句：“我们改一份得三十八元，可是缺考的不算。那些钱到哪里去了？也许我们该建议‘考选部’，缺考的也算钱！”

车里其他的人都随声附和，极力称是，我当然也不例外。不过，等过几天我再想起这件事时，我却发现：虽然“缺考考卷的阅卷费”是鸡毛蒜皮的小事，但却是一个好的“练习题”，可以作为思考制度设计问题的演练。

考生缴的报名费里涵盖了举办整个考试所有的花费：出题、印刷、监考、阅卷、算成绩、发榜……等等。所以，除非主办单位能根据多年经验，把缺考的考生报名费里属于“阅卷费”的那一部分集中，然后拨到出席应考考生的阅卷费里；要不然，在理论上确实有一笔钱是本来预订作为阅卷费，但因为考生缺考、不用阅卷因而省下来的。因此，把缺考考生的试卷视同出席应考而缴白卷处理，似乎没有什么不好。而且，监考老师的监试费不会因为有人缺考而减少，为什么阅卷老师的阅卷费不能比照办理？

可是，从另外一方面来看：既然阅卷是按件计酬，缺考考卷自动零分，不需要经过批阅手续，阅卷老师似乎也不该“不劳而获”。监考老师的工作性质不同，有人缺考还是要监试，所以不能相提并论。至于缺考考生“多出来”的阅卷费可以作为缓冲的“预备金”，万一有临时或者额外的支出就可以派上用场。而且，即使最后真的有节余，依法要缴入国库，没有人会占到便宜。

因此，即使是这么“简单的事”，显然都是理未易明。站在阅卷老师的立场，我（们）当然赞成规定缺考考生的试卷必须经过阅卷老师的签名盖章才能得零分，既然报名费里已经缴了阅卷费！所以，理未易明之下，到底要怎么“想”这个问题比较得体呢？

哲学家罗尔斯在《正义论》里提出了一个很有启发性的概念：在思索典章制度的设计时，可以假设每个人眼前有一层薄纱。在这层“无知之幂”的后面，每一个人不知道自己将来的身份、地位、职业、才能。因此，在取舍时就可以以超然客观的态度，设计出能兼顾各种利益的制度，因为自己将来可能落在任何一种身份地位上。

罗尔斯的新见为思索社会问题提供了一个很好、很有说服力的参考架构。不过，以“无知之幂”的方式来想问题事实上还有更重要的意义：既然在无知之幂后面每个人的利益都不明显，因此所采纳的做法很可能是看来不好不坏，众多可能做法中的一种。缺考考卷发阅卷费和不发阅卷费之间并没有明显的好坏高下。所以，在解决眼前实际的纷争时，也就毋需自认为自己是正义的化身、手中握有“绝对的”真理！

不过，虽然罗尔斯“无知之幕”的概念有助于斟酌典章制度的规划，但是在兴革“现存的”典章制度时，大家都已经知道自己的身份地位。那么，要怎么调和彼此之间可能明显冲突的利益呢？

各尽所能各取所值

这几天到木栅“考选部”去改高普考的考卷，看到也听到一些改考卷的轶闻。

有人改得很快，红笔如飞，听说一天改十个小时左右，就可以改出“一张”每股二十元上下的股票。但是，也有人安步当车，不急不徐。最慢的听来令人着急：四题问答题每题都要写评语，而且每题至少要写八个字！问题是，这些考卷不会发还给考生，写评语是真正的“作虚功”。可是，老先生正襟危坐、一丝不苟，别人也不敢造次进言。

我改得不快不慢，一天花四五个小时改完一百份左右就打道回府。可是，听多了阅卷老师“草菅人命”的英勇事迹之后，有一天回家的路上我打定主意、定下心来想：既然对大部分的阅卷老师而言，阅卷费的多少是改考卷时的主要考虑，那么阅卷费怎么付才最理想或者缺点最少？

现在一份申论题试卷的阅卷费是三十八元，已经好几年没有调整。以正常速度改四题申论题平均大概要三分钟，一个小时可以改二十份，得七百六十元。当初订下一份三十八元大概就是参考阅卷老师们的钟点费，副教授一个小时的钟点费是八百元左右。

可是，虽然以“正常速度”改考卷的报酬和上课的钟点费相差不多，但在实质上还是有相当的差别。上课讲讲停停，快慢由自己控制；改考卷可是（理论上）要聚精会神、心无旁骛。而且，连改两个钟头之后，注意力事实上不太可能一直保持在巅峰状态，如果不休息，批阅的质量当然会下降。何况对考生而言，几分之差可能意味的就是上榜和落榜、铁饭碗和没饭碗的差别。因此，把阅卷费定在比照钟点费的水平并不妥当。

为了提升阅卷的质量，显然应该把阅卷费适度的提高。可是，把阅卷费提高10%、甚至20%，也不过是由一份三十八元变成一份四十二或四十六元。“感觉上”相去不远，所以，阅卷速度不见得会慢下来。结果，阅卷支出增加10%或20%，可是阅卷的质量却不会改善。事实上，除非阅卷费大幅度的调高，让阅卷的人“明显的”感觉到差别、以及随之而来的责任感；否则，在相当的调幅范围里，调高阅卷费不见得会改善阅卷的质量。

当然，要确保阅卷的质量不一定只能由提高阅卷费下手。可以把单阅改为复阅，两阅的分数差距过大就送第三阅。不过，这么一来，为了避免初复阅差距过大，前后两位阅卷老师都（可能）会把分数集中在五十五分到六十五分之间。结果，反而让好坏高下压缩在一起，分不出良莠，越益反损。还不如保持单阅，把阅卷费加倍！

或者，可以一方面提高阅卷费，一方面规定每小时阅卷份数的上限。可是，各科题目难易、要求、格式等都不一样，是不是要定不同的上限呢？还有，是不是要多派人手计时检查？

如果有人（或大家）二十分钟之内就改完一小时的量，然后看报聊天打电话四十分钟，怎么办？

这么看来，要设计一种简单可行、能符合人性又能达到目的的制度并不容易，尤其是当人多的时候，要求其精确更是难上加难。制度的规划，几乎只能以适用对象里“大多数”人的特性为准，而且还要能承受得起另外那些“少数人”有意或无意的试炼和摧残！那么，追根究底，阅卷的这个“小制度”怎么设计比较好呢？

每天改考卷之前请“考选部长”精神讲话，号召大家“牺牲享受、享受牺牲”好不好？

第9章

公共选择

二次大战后，年轻的布坎南刚从美国海军退役，在芝加哥大学取得经济学博士学位之后，到弗吉尼亚州的一所小学校任教。没多久，在大学里主修国际关系、战后曾在美国驻天津领事馆服务的塔洛克（Gordon Tullock），也因缘际会的到同一所学校游学。

布坎南和塔洛克虽然所学不同，但是两个人很快的就找到了交集：对政治现象的探索。然后，他们截长补短，在1962年出版了《众论》——一本以经济学的分析工具探讨政治现象的论著。这本书不但开创了"公共选择"这个新的研究领域，对经济学和政治学都产生了深远的影响；而且，由于这本书和往后的贡献，布坎南教授于1986年实至名归地得到诺贝尔经济学奖！

在这本经典之著里，到处可见两人心血智慧的结晶。只要仔细看完全书，相信任何一个人对民主政治都会有一番迥然不同的体会。

因为布坎南是经济学者，所以书里很自然的就从经济学的角度来认知和阐释政治活动：在市场里，买卖双方一手交钱一手交货。两个人通过"交易（换）"不但均蒙其利、皆大欢喜；而且，更重要的，是"交易"隐含着双方都是自愿的、并且都同意交易的条件和内容。如果买卖双方的任何一方有异议，互利的交易就无法达成。因此，交易意味着双方之间有某种"共识"。

当然，“市场交易”不能解决人的所有问题，类似交通、国防、治安这些事只好交由“政治过程”来处理。在现代民主社会里，这些事就是通过选举代议、均权制衡这些安排来折冲。可是，在观念上来说，政治过程也可能看成是一种“交易(换)”：我按时纳税以换得别人也按时纳税，我放弃为所欲为的自由以换取别人也放弃为所欲为的自由。因此，我们事实上可以由“交换”的观点，而不是由传统政治学强凌弱、众暴寡的观点来认知政治过程。

既然在市场里的交换是双方都蒙其利，政治过程里的交换也应该是能让所有的参与者都得到好处。民主社会里是以表决的方式来解决众人之事，因此，唯一能保证让每一个人都获利的表决方式就是“全体一致决”——除非自己同意，否则任何一个议案都不能通过，所以自己不会受损。因此，除非议案对自己有利，否则自己不会赞成，自己一定能从通过的议案中享受到利益。“全体一致决”就和市场里两人之间的交易一样，能取得所有相关人的“共识”。

可是，虽然“全体一致决”在概念上很有启发性，在实际运作上却滞碍难行。

每一个参加过会议的人都知道，三个和尚已经没水喝了，要寻求众人的“共识”，谈何容易。布坎南和塔洛克是聪明人，当然也体会到这一点。不过，这事实上正好衬托出他们对民主政治观点的积极性：在处理众人之事时，应该是采取能保证皆大欢喜的“全体一致决”。不过，众人彼此之间沟通协商、争执冲突等等，都要付出时间心力。要达到“全体一致决”的共识，成本非常可观。因此，为了避免耗费太多沟通协商的成本，就可以勉为其难地不采取全体一致决，而以三分之二决或二分之一的简单多数决替代。

因此，“全体一致决”是处理众人之事的标杆。虽然因为实际因素的考虑而“放弃”全体一致决；不过，那是不得不、是退而求其次的做法。在观念上，要尽可能的照顾到所有人的利益。如果人在市场交易里可以获利，为什么在政治过程里不能有同样的期望？如果少数服从多数是民主的精义的话，那些“永远的少数”难道不会揭竿而起吗？

布坎南和塔洛克所强调“全体一致决”的概念当然不需要限制在“表决规则”上，一般人对于民主政治的体制和对私有财产权的支持，都可以看成是在某种意义上实现“全体一致决”，不是吗？

差异原则

虽然一般人在想社会问题时会很自然的从“公平”、“正义”这些角度着眼，可是如果要进一步的追问到底什么是公平和正义，得到的可能就是一个困惑的脸庞和有点被激怒的表情。

约翰·罗尔斯在1971年出版《正义论》，这本书对于社会科学研究者产生了深远的影响。在这本名著里，罗尔斯用闻名遐迩的“差异原则”来界定一个他认为正义的世界：如果在一个世界里贫富之间的差距是能让最不幸的分子得到最多的照顾，那么，这个世界就是合于正义的！

虽然这个“差异原则”很有启发性，可是长远来看，罗尔斯的贡献应该是在于他为思索问题提供了一个新的角度——他以“无知之幂”的观点来讨论原则性的问题：在思索社会问题时，为了避免一个人受到自己身份、地位、职业、性别等等因素的影响而有偏误，最好试着从目前的身份中抽离出来。假设自己眼前有一层“薄纱”，一个人不知道薄纱掀起之后自己的身份或地位，那么，既然将来自己有可能落在任何一种身份和地位里，所以在思索规划社会制度时，就可以摒除个人私利的考虑，而纯粹从“公平”和“正义”的角度去斟酌。

罗尔斯的创见确实发人深省。不过，既然在思索问题时，人事实上已经存在，也就（不可避免的）知道自己的身份；那么，“无知之幂”由何而来？

布坎南和塔洛克这两位学者提出一种比较周到的看法：虽然在想问题时，人不可避免地已经知道自己的身份和地位，也就有本身利害的考虑；不过，未来总是充满着不确定性。今天是高官巨富，明天可能已经是过眼烟云而成为布衣走卒。所以，只要未来存在着这种“不确定性”，那么，一个人基于自利自保的考虑，就会设想出比较公平合理的制度——因为自己将来永远有可能成为需要别人济助的弱者。

布坎南和塔洛克的观点虽然比罗尔斯更有说服力，不过，人所面对的问题往往就在眼前，而不是在遥不可及的未来。那么，在想问题时是不是有更直接、更平实的角度？

社会学者寇尔门提出了一个更具体生动的思考方式：在思索社会问题时，先从自己的立场（利益）去想，然后，再假设自己是一个立场（利益）完全相反的人，再由他的角度去想。如果有某一种安排能被这两个完全不同立场的人所共同接受，那么，这显然就是一种好的、而且是可行的做法。

把寇尔门的想法换一种说法，其实就是“己所不欲，勿施于人”的道理——你自己所不愿意接受的安排，别人也不会愿意接受，因此，这将不会是一种能众议佥同的做法。

不论是罗尔斯的“无知之幂”、布坎南和塔洛克的“不确定性”、寇尔门的“站在别人的鞋子里设想”，对于思考公共事务都有相当的启示。不过，这三种观点事实上都隐含着以理服人的特性——通过说服的方式希望别人能接受自己的想法，希望在观念上大家能找出讨论的交集所在。

然而，人毕竟是人，你的“己所不欲、勿施于人”，很可能就和我的“己所不欲、勿施于人”不一样，“讲道理”有时而穷。在这种情形下，是不是还有其他可以凭依的准则呢？譬如，如果说民主的真义就是在于“众人在自由和平等的基础上解决众人之事”，那么，当有人（大家）对“自由和平等”有很不一样的解释时，怎么办？

也许，追根究底，“民主”就是一种“讲理”和“说服”的过程。除了诉诸于人的“理性”之外，事实上别无所依。这一方面反映出人的脆弱性，但是，另一方面，或许这正反映出对人的信心和期许吧！

民主的真谛

在“大学自治”、“校园民主化”的趋势之下，系里前一段间通过了“系（所）主任遴选办法”，明定以普选的方式选出我们的系（所）主任。

前不久系主任因故出缺，系里上下就煞有介事、中规中矩、按部就班、照章行事的依“遴选办法”办理选务工作：先是联署推荐候选人——每一位候选人要有系里五位（以上的）老师联署才能成为候选人，然后是公布候选人名单及政见，再来是十天左右的“竞选时间”，接着是一个星期的投票（因为考虑到任课老师到学校的时间以及在海外游学老师的权利)，最后当然是开票。

虽然这是第一次依“遴选办法”办理选举，在过程里也不可避免的出现了瑕疵和疙瘩；但是，新的系主任还是在紧张的气氛中顺利产生。选举结束已经有一段时日，可是，选举期间的一些点点滴滴却常在我脑海里浮现。

在竞选的那十天左右里，大家的生活好像都有点不一样。教员休息室里经常看到候选人进出，帮忙助选拉票的人也在各个研究室之间穿梭。有人说，这一个星期里接的电话比去年一整年接的还多。新的友谊（联盟）在热切的招呼下出现，（有些）旧的交情在磨擦误会里消逝。多年前的疮疤被技巧地提起，新的指控也在信誓旦旦的陈述中慢慢凝结。“贿选”、“桩脚”、“口语”、“秋后算账”的字眼会偶尔在耳边响起。

根据我的接触和耳闻，系里老师投票支持某一位候选人的原因各有所据、不一而足：

“我投给他是因为他教过我，是我的老师！”

“因为上次选举他来拉票时我已答应投给另外一位，所以我当时答应这次选举会投给他！”

“他人不错啊，我出国时他都帮我照顾我研究室里的室内植物！”

“他是我大学同班同学嘛！”

“我投给他，是因为帮他拉票的人在我太太当年评职时帮了她很大的忙！”

“我们已经有二十年的交情了，当初是一起干助教上来的！”

“我能回到母系教书，全是我老师的提拔，我当然投他！”

“我们的研究室就在对面！”

“帮他拉票的是我的好朋友嘛！”

“我们中午常一起吃便当啊！”

“我说他买两瓶啤酒请我，我就投他，结果他真的买了两瓶啤酒给我！”

按理说，选举应该是要“选贤与能”的——尤其对（我们）这群高级知识分子而言。不过，在诸多言之成理的说辞里，好像没有几个人是因为某候选人学问好、能力强就支持他的。有的尽是人情上的往还（包袱），人缘的好坏反而变成最重要的因素。这到底怎么回事呢？是因为刚采用选举这个制度，在过渡阶段大家还不适应？还是在这种小范围里的选举，最后必然是以人情为依归？或者，系所主任本来就是为大家服务，人缘好才能推动系务，所以当然应该让广结善缘的人出线。那么，是不是选举的意义就是在于选出最有人缘、平常最注意经营人际关系的人呢？——民主的真谛到底是什么？

开票时发现有一张选票的圈选章是盖在两个候选人之间；三分之二在一个名字上，三分之一在另一个名字上。没有人能肯定的说这张票是谁投的，不过，“据说”投这张票的人是因为不胜其扰，所以先后答应两位候选人。因此，为了遵守诺言，他两个都支持。

少数服从多数

前一段时间系里的系主任出缺，就以普选的方式选举新的系主任。候选人有三位，不过焦点是集中在其中两位年龄、资历相仿的老师。

这是大学校园里的选举，候选人和“选民”都（应该）是社会上最能以理智思维来取舍而不受其他因素影响的，这应该是“君子之争”。可是，也许对大家来说，选举还是需要摸索学习的“新事物”；所以，在竞选过程里也发生了令人遗憾的一些曲折。

候选人之一在系里从助教开始，服务已经超过二十年，在院里和学校里都有很好的人际关系，有他当家对于系里在向外争取奥援上当然能得心应手。也许是在拉票，他把这个优点讲得太顺口了一些；另外一位候选人的支持者放出风声，说他“贿选”——说他向系里副教授保证，如果他当选，可以把评职的尺度放宽，在院里和校方也都能护航过关！

同样一件事总可以有不同的讲法，被传开“贿选”的那位候选人的支持者倒过来也放话，说另外那位候选人有恐吓胁迫的嫌疑——因为他们的说辞是：如果副教授们支持那位“贿选者”，等于是自己对自己在学术上“放水”，将来在提出评职时走着瞧！

虽然“贿选”和“反贿选”都和我无关，可是，站在事不关己旁观者的立场，我却觉得有点困惑：以选举来解决众人之事号称是“民主”的精髓。可是，选举所（可能）隐含的威胁利诱，以及对当事人心理上的考验折磨，难道是民主正常运作的一部分吗？到底什么是民主？民主的真义是什么？

稍稍在脑海里咀嚼一下这些问题，我觉得有点迷惘，也有点惶恐。

“民主”应该不只是“少数服从多数”吧！如果这就是民主的真义，那么，在任何一个时点上，社会里最有钱的人只是极少数，难道其他人可以“少数服从多数”地把这些有钱人的财产充公或均分吗？还有，选举投票时，当选人得的票往往不到投票人数的50%——还不包括那些没有投票和不能投票的人口，可是，即使如此，大家还都承认他当选。这似乎也不是少数服从多数！

民主似乎也不只是以“选举”来解决众人之事。民主社会里司法体系的各个环节通常不是由选举产生的，可是，相信大家都同意：让民主政治正常运转，司法体系是很重要、不可或缺的一环。同样的，大众媒体也不是由选举产生的，可是大众媒体对民主政治更具有监督防腐的功能。所以，选举应该只是民主政治的一（小）部分而已！

那么，追根究底，民主的本质到底是什么呢？仔细琢磨，也许民主的真义是在于人——相关的人——能在“自由”和“平等”的基础上，摸索出一些众人所接受，解决众人之事的做法吧。最后的“做法”是什么并不特别重要（三权分立或五权分立各有利弊，中央集权或地方分权要看条件），重要的是参与者能在平等、自由的基础上无拘束、不受心理压力或肉体胁迫的表达自己的意见。然后，经过沟通、协调、妥协、合作，得到的是什么就是什么——如果在平等自由的基础上大家决定要由一个人完全代理（独裁），这又有什么不对！

如果在“平等和自由”基础上决定众人之事是民主的真谛，那么，系主任似乎也不一定要由“选举”来产生吧，不是吗？

公民投票

前一段时间，美国参议院在审议一个由总统提出的法案时，引发了激烈的争执。支持和反对的双方舌箭唇枪、合纵连横之后，开始投票。开票结果：48票赞成，48票反对，4票弃权。

依参议院的议事规则，当双方票数相等时，参议院主席——也就是副总统——可以投票。既然法案是由总统提出，副总统当然投下关键性的赞成票。主席投票之后宣布结果，还不忘记美式幽默的加上一句：行政部门以“极大的差距”获得胜利！所有的参议员都鼓掌大笑，不论立场。

虽然这件事有点像是民主政治的“花絮”或“佳话”，但是，仔细想想，这件事却寓有深意：即使赞成和反对双方对“问题本身”的意见南辕北辙、互不相让，可是，一旦投票表决，双方对“表决结果”都一致遵从。因此，民主政治的重点，似乎并不在“投票”本身，而是在于大家对“投票”这种决定事情的方式，以及对“投票结果”的共识和支持。

事实上，这个观点还可以做进一步的引申，尤其是对于“公民投票”这种独特而重要的决策途径。

既然公民投票牵涉到社会所有的组成分子，议决的事项也可能有相当的争议性，而表决的结果又往往有强制的约束力；因此，对于以“公民投票”的方式来处理某个议题，可能会有很多的人反对。所以，在以“公民投票”表决之前，应该先要决定“要不要采取‘公民投票’来议决某个议题？”

这个“要不要‘公民投票’”的问题，显然必须先于“公民投票”本身而决定。可是，对于这个“先一步”的问题，又要采什么方式来决定呢，如果是采取表决的方式，那么是要采取二分之一的简单多数决、还是三分之二或更多的严格多数决？这自然要先决定。可是，对于这个“先两步”的问题又要采取什么方式来决定呢？当然，延伸下去，“先两步”之前还有“先三步”、“先四步”、“先五步”等等的问题。

要解决这种“投票方式的投票方式的投票方式……”——有名词称为“无穷回归”——的问题，只能祈求在这一连串的表决机会中，能在某一点上取得全体的共识，得到大家的支持。譬如，只要“所有的人”都支持在某一个点上采取三分之二决，就可以采取三分之二的表决方式来进行下一个表决。一路表决回来，如果都通过，最后才是在大家都支持以“公民投票”来议决的前提下，进行“公民投票”。

因此，“公民投票”绝不只是单纯的投票而已，而是牵涉到投票前、投票本身、投票结果三个部分。除非绝大多数的人都支持以“公民投票”的方式来议某些议题，都赞成投票过程本身（包括时间、方式、表决事项等），都承认表决的结果，否则，当这些条件都不具备时，“公民投票”反而可能成为引发社会动乱、诱发组成分子彼此猜忌对立的触媒！

当社会上一部分人极力鼓吹以“公民投票”来解决某些争议时，透露出的是一种警讯：很可能是因为社会正常的典章制度（譬如选举、代议）不能有效的反映和处理社会成员的心声，因此希望能跨越这些其他的渠道而直接由自己来作决定。在这种环境下，除了对准备公民投票的议题多多辩难澄清之外，更重要的应该是仔细检讨一下典章制度的良否，以及一般民众对这套基本典章制度的信心。毕竟，典章制度到底能不能发挥作用，最后还是要看社会中绝大多数人愿不愿意支持这套典章制度。“公民投票”可以是（或应该是）现代民主社会典章制度的一环，可是，作为一种解决问题或决策的方式，公民投票能否发挥功能，显然要看社会组成分子的意向。

享受美国副总统一票之差“重大胜利”的，应该不是美国总统，而是所有的美国人。

第10章 自由的界限

“货币”，顾名思义，理所当然是属于经济学探讨的范畴。可是，经济学涵盖的主题非常多，而我所熟悉的“个体经济学”刚好不包括“货币”；所以，我对“货币”这个主题了解得很有限，大概一直停留在研究所读书时所学到的程度。没想到，最近看了一本社会学的论著，却从里面得到许多关于“货币”的启示。

货币的起源想来很有趣：人从狩猎进化到农牧之后，生活比较稳定，也开始群集定居。亲戚妯娌之间物质的往还很自然地扩充为和其他人的交易，刚开始当然是以物易物，拿着自己多出来的腌肉去换别人多出来的粮食。可是，以物易物隐含的是“双重的巧合”：不但我刚好要你的粮食，还要你刚好也要我的腌肉，否则，就达不成交易。

不过，“双重的巧合”意味着很多潜在交易互利的机会都没能实现。因此，聪明的人“发现”了转圜之道：有一种商品会慢慢同时具有“商品”和“货币”的功能。如果砖头成为“商品货币”，那么，我可能不需要砖头，但是我可以先把腌肉换成砖块，再用砖块去买粮食。货币的出现对于以物易物的交易产生了革命性的冲击，买卖的进行再也不需要“双重的巧合”了！

跨出了这关键性的一步之后，货币就开始了漫长而多彩多姿的演化过程。由商品货币先单纯化而成为“货币”，再衍生出纸币、硬币。发行货币的单位也由私人商家转到金融业者，再移转到政府（中央银行）手里。货币的功能也不再限于作为“交易的媒介”，货币也成为衡量价值的单位（一头羊值多少钱）、还成为储存的工具（床下藏了多少银币）；而且，以货币单位所呈现出各式商品的“价格”，更成为生产者和消费者取舍行为时的重要参考数据。

如果说“(商品）货币”的出现为人类经济活动的交易方式掀起了第一次的革命，“信用卡”这种塑料货币的发明（应该不算是发现！）可以说是引发了第二次的革命。

信用卡的运作有三个环节：消费者申请信用卡，然后在消费时刷卡；商店餐馆等提供商品服务，然后接受信用卡签账；信用卡的发行中心再付款给商店餐馆，同时向签账人收费。

这和货币交易时的一手交钱一手交货相比，塑料货币的使用包含了“发卡中心”这个第三者。不过，这个第三者不但不是多余，事实上是大大的扩充了人类行为的自由度。

对餐馆商店而言，不但可以向现在荷包里有钱的人赚钱，也可以向月底发薪时荷包里才有钱的人赚钱。而且，将来只要向发卡中心这“一个”对象收账，而毋需费事操心的向个别的消费者收费。还有，万一签账人将来付不起钱，毋庸担心，那是签账人和发卡中心之间的事；只要有签账人的签名，店家到月底一定可以有货款入账。

对持卡人而言，过去最多只能花掉口袋里的钱和银行里的存款；现在，可以把自己“未来”所能赚到的钱挪到“目前”来使用。通过信用卡这个媒介，等于是把还没有实现的资源先“变现”。因此，签卡消费一方面让持卡人享有的自由增加，另一方面更引发了一连串的经济活动，可以进一步的创造财富、增进繁荣。

信用卡虽然可以说是“无中生有”的化平凡为神奇，不过，当信用卡把还没有实现的未来和现在结合在一起时，这个“未来”还是和“过去”有不可割舍的关系：持卡人的签账额度受到他所得和债信的限制，而这两者都和持卡人的“过去”有关。

对一个人而言，虽然可以借着信用卡把“未来”拿到“现在”来消费；可是，他所能自由挥霍的额度毕竟有所限制，即使将来倒账，影响也有限。然而，对一个社会而言，如果政府同样的以“信用卡”来消费未来时，是不是也有自由的极限？政府万一倒账了怎么办？

以“公债”支应公共支出

当一个人在市场里买水果的时候，权利和责任非常清楚：除了一手交钱一手取货之外，一个人必须为自己的行为负责、也只为自己的行为负责——自己买了金玉其外、败絮其中的水果怪不了别人！但是，相形之下，在通过选举代议这些政治过程而处理众人之事的时候，权利和责任的关系变得很模糊、很间接。不但民意代表、行政首长在行为上的责任难以清楚界定，官员在公务上所作所为的得失也不容易明确评估。

为了能促使政治过程中的责任明确，在制度上当然能做一些消极和积极的安排。譬如，如果能厘清各级政府的权责，那么，这一方面能避免各级政府之间争权和卸责，另一方面也能积极地鼓励地方政府之间彼此竞争，借着居民“以脚投票”所形成的压力，逼使各个地方政府不得不设法维持或提高行政效率。

虽然借着制度和法令的设计，可以对行政官员和民意代表的行为产生某种抑制，然而，在政治过程里还有一项非常难以处理的问题：以“公债”来支应公共支出。

当公共支出是由税收来支应时，等于是由一般纳税义务人自己来负担所有的成本，纳税义务人要面对权利和责任之间的对应关系。可是，一旦公共支出是由“公债”来支应，权利和责任的对应就消失不见。“权利”，是由这一代的人所享用；“责任”，则是由未来的世代所承担。无论是对行政官员、民意代表、一般选民而言，以公债支持公共支出的做法都有相当的吸引力——当天下有白吃的午餐时，为什么要自己掏荷包付钱！西方民主社会大量发行公债所导致的赤字问题越来越严重，真是有以致之。

在理论上来说，公债发行的额度并没有上限，一个社会可以一直“以债养债”地向民间或海外借钱。但是，在实务上，公债发行额事实上有其极限：当公债发行量持续上升时，政府支出中用来偿还公债利息的部分会随之增加；当利息支出增加到某一个程度时，会对其他支出项目产生排挤效果。当其他正常公共支出（像公务人员薪水、基本国防交通支出）紧缩到某一个程度时，将无法再受挤压。这时候其他公共支出就会回过头来形成对利息支出的限制；利息支出将不可能再增加——也就是公债发行不可能再增加。

另一个会对公债发行产生节制的因素，是购买公债人的信心。当公债发行量越来越大时，政府无法如期偿债的可能性也逐渐上升；为了吸引对公债的购买，只好提高公债的利息。利息提高，所隐含的风险当然也较高；当公债发行量以及公债利息都升高到某一种程度时，投资者会减少甚至停止购买公债。因此，购买公债的人对公债的信心，是限制公债发行量持续扩大的另一种因素。

公债发行额持续增加也反映出一些值得注意的讯息：造成公债发行快速增加的主要原因之一，是为了融通国内重大建设。虽然长期而言基本建设有助于提升生活质量以及促进经济成长，不过，值得进一步探究的是，为什么近年来会同时进行这么多重大建设？在某种程度上，这是不是正显示了（民主）政治过程慷他人之慨，讨好选民的特性？

仔细想想，当一个人向朋友、银行借钱时，能够借到的钱有限，一旦出了问题自己要承担所有的责任。可是，当政府这个老大哥向民间和海外借钱时，能够借到的钱就非常可观，而一旦出了问题，责任归属却一点都不清楚。（即使清楚又如何？）那么，追根究底，在人们借着政府以追求更多福祉和自由的同时，是不是有什么办法来节制政府的自由？

价值的蜕变

早上坐飞机南下到高雄处理一些私事，出了小港机场，之后坐上一部出租车进市区，沿路听收音机里的现场节目。

这是一个政治性的节目，正在讨论的主题是两岸关系，几位听众打电话进去表示意见，主持人也抑扬顿挫的截长补短。来往一阵之后，主持人说要休息一下，广告时间。

没想到，广告时间是由主持人自己做广告，而且是和风水地理有关：只要听众来电，主持人很乐意到听众家里去看屋内外的陈设布置，并且指点一二，而且，这些完全是免费的。只有在要移动祖先牌位时，才需要象征性地收一个红包。

同样的录音播了两次，我听了觉得真是有趣。主持人怎么会做这种广告？很难想象在台北会听到这几乎是不可思议的广告！

下车以后我开始慢慢处理事情，但那段“风水广告”一直留在脑海里若隐若现。

台北的电台节目主持人不会做风水广告，而高雄的电台节目主持人会，这本身并不隐含高下优劣的价值判断。纯粹从市场观点来看，只要能被市场里某些消费者所接受的产品，已经反映出这种产品得到肯定。既然高雄的这个节目主持人能维持这个节目，显然“风水广告”已经通过市场的考验。如果要做价值判断，当然需要由其他的角度做更精致的斟酌。

直觉上来看，台北的电台节目主持人不会做风水广告是因为“人事不宜”，主持人是以他的专业素养主持节目，若以这种身份去推销另外一个毫不相干的产品，会造成角色错乱的印象，甚至越益反损。不过，这也未必。一个综合性节目的男主持人，曾经以低沉的嗓音为某一个品牌的女性丝袜创下惊人的业绩；一位深受观众喜爱的“气象先生”，曾经在电视上为冷气机做过广告。从专业的角度来看，他们都有点“捞过界”，和风水广告并没有什么不同。

不过，仔细推敲，这只是表面上的雷同，在本质上“气象先生”和“风水广告”并不一样：虽然男主持人不是“丝袜专家”，气象先生也不一定懂冷气机，可是，因为他们有知名度，所以听众和观众容易把他们和他们所推销的品牌联结在一起。当听（观）众真的要买丝袜或冷气时，可能就在没有特别偏好的情形下，选择他们脑海里有印象的品牌。因此，推销者本身的专业性不是重点，重点是通过推销者而认知品牌。

相形之下，风水广告是以主持人本身在听众心目中的特殊地位，希望能说服听众上钩。这反映出的是一种权威的凝聚和扩散：在一个分工不很琐碎、知识不很精细的环境里，一般人的判断往往是根据传统的习惯或伦常关系。无论是风俗习惯或伦常关系，显然是一般人所托付的权威。因此，伦常关系里的长者尊者不但主导生命里的婚丧嫁娶，对于日常生活里的衣食住行也有置喙支配的权力。当环境里渐渐出现广播电视上的公众人物时，这些公众人物也被赋予伦常关系里同样的尊崇地位，他们的意见也就得到同样的接纳和重视。当他们的意见扩充到比较广泛的领域里时，就可能有别个环境里的人看来不可思议的事，而本身环境里的人却认为理所当然。因此，“风水广告”在台北可能不会出现，但在高雄可能屡见不鲜！

我在回台北的飞机上联想到这一大堆，不过，我也不见得真得想清楚了；我在高雄时还去逛了一个烟斗店，我发现店里有好几支质地手艺在台北都没看过的上好烟斗。

永远的“卫尔康事件”

几十年之后，也许在一年当中的某一天里，晚间电视新闻的最后一小段“历史上的今天”时，画面上出现的是一个火灾过后的景象，旁白的字幕是简单的几个字：台中市卫尔康西餐厅发生大火，夺去六十四条人命。

对于死难者的家属亲友而言，不论时间多么久远，可能心情上永远有思之凄楚的感怀，不过，对于社会上其他的人而言，随着时间的消逝，也许比较容易略去情怀上的起伏而思索这个不幸事件的意义。

在大火之前，早就有各种相关的法令：营业场所和住宅区的划分、餐饮业的安全消防设施等等，政府各主管机关也有层层检查和处分的程序。不过，法令规定是一回事，人实际上的做法是另一回事。

对业者而言，在装潢上符合各种规定所费不赀，而且增加营业成本，因此不妨走在法律边缘的灰色区域，然后利用一部分省下来的钱去疏通环节。万一真的违规受罚，总可以找到民意代表出面。对民意代表而言，为了照顾选民以维护选票，当然会义不容辞的出面说项。对行政官僚而言，预算操在民意代表手里，在小地方“情理兼顾”自然是利人利己。因此，在这个由业者、民意代表、行政部门官僚所组成的“生态体系”里，没有人愿意（也没有人能够）规规矩矩的“照规定来”。这种现象，再加上一般消费者在承平日子里不容易有警觉之心，就刚好因循渐渍而形成一种“危险的均衡”——实际的执法水平可能只及法令规章的60%！

一场大火等于是对这个生态造成一次冲击，震撼而且动摇了维持这个生态的各个支柱。对业者而言，为了能吸引消费者上门，最好主动做一些改善。对于民意代表而言，在业者再要求关说时，也可以婉转的告诉业者：“人命关天，现在不好关说。”对于负责执法的行政部门而言，事情也比较容易处理，一方面在执法时可以要求得严格一些，一方面也比较容易挺起腰杆，婉拒民意代表的关说。因此，“大火”这个因素促成生态的转变；在业者、民意代表、行政官员各自转圜之后，执法的水平可能严格了一些，由原来的60%变成

70%，或75%。

不过，执法程度的提升不一定能持久。当大火的记忆渐渐的模糊褪色之后，故态复萌的种子很可能又开始悄悄地萌芽、漫延；违规受罚的业者可能又找上民意代表，而面对选举的民意代表可能又会“试试看”，行政官员也可能又为预算不得不折腰。结果，执法水平慢慢下降，可能回到65%，比大火之前好一点点，当然，也可能又落回60%，或更低。

“卫尔康事件”显然是这种“生态”转折起伏过程中的一个环节。事实上，不只“餐饮安全”是如此，其他的社会现象也都有这种特性：社会发展的轨迹不一定是往前进展，而大部分是锯齿状的前进后退。而且，在每一个环节的转折上，背后都隐含着造成转折的某种内在或外在因素的刺激，否则，社会就停留在“均衡”的状态上，不管那是一种好的均衡或不好的均衡。

更重要的启示是，任何一个“生态”都是由一些相关的人所支持，而人在取舍时绝大部分都是各为其利。只有当每个人基于各为其利的考虑、彼此配合牵制、而能支持一个“好的生态”时，令人满意的现象才可能出现。否则，在良知道德上的呼吁，将只是一厢情愿的空谷足音而已。

不过，即使真的促成了社会在某个层面上的进展，大大小小的“卫尔康事件”显然都是不好（不幸）的事件；相形之下，有哪些是促成社会进展“好的事件”呢？怎么样才能让那些事件出现呢？

资本论

前些时候花了一个多月的工夫，看完了一本九百多页，像块砖头的社会学论著。作者是美国著名的社会学者寇尔门，但是他采用的却是经济学的分析工具，以个人为分析单位，在人是“自利”和“有理性”的假设之下，探讨各种社会现象。

放下那本书已有一段时日，但书中有一个观点却常常在脑海里浮现：谈到人际关系时，作者指出，如果某个社会里人与人之间彼此有基本的互信，那么，社会上就存在着一种“社会资本”，这是一种人们可以依赖、可以利用的资产。

譬如，书里说，如果一对年轻夫妇是在纽约市生活，那么他们一定不敢让他们的稚龄子女自己在外面街巷附近玩耍。原因很简单，纽约这个大城市里人际关系淡薄，同一栋公寓里的邻居老死不相往来，街巷之间毒品犯罪泛滥，谁也不知道什么时候会有横祸飞来。相反的，如果这对年轻的夫妇是住在以色列的耶路撒冷，那么，在那个宗教气氛浓厚的环境里，街坊邻里彼此都认识，不用担心小孩子会被坏人拐走，万一有大小事故，街坊邻居也会彼此照顾。所以，自然而然地可以放心让小孩子出去玩耍。

“社会资本”的概念对经济学者有很大的启发性，经济学里研究的多半是厂房、机器等这些有形的、具体的“物质资本”，最多是加上对“人力资本”的探讨：借着教育、在职训练等，可以提升人力资本。当充沛的人力资本和良好的物质资本结合之后，就可以创造出丰硕的果实。可是，“物质资本”是有形的，“人力资本”是藏诸于个人的，而“社会资本”则是无形的，是积蓄在人和人之间的。

“社会资本”当然不只是一个人对环境的熟悉或心理上的安全感，也可能是一种对别人、对典章制度的信任。

在美国有些地区，为了解决中低收入户住的问题，就设计了一套“平价住宅”的方案。凡是建筑商推出建筑个案，必须保留10%~15%的单位，以远低于市价的价格卖给（租给）符合条件的中低收入户，因为符合条件的中低收入户可能有很多，所以就由建筑商依申请书到达的先后，依次序分配。一切的程序全部是由建筑商一手处理，政府完全没有介入。但是，也没有听说有谁怀疑，建筑商会有动手脚或不公正的情况。在那个环境里，显然有相当的“社会资本”！

和别人相比，我们自己的情形真是令人泄气。不要说没有人愿意相信建筑商，一般人也不见得相信政府，各级政府之间也没有多少的互信。照理说，像配售住宅这种鸡毛蒜皮的小事，由省市政府来制定办法已经是很慎重其事了。但是，奇怪的是，在我们这个社会里，还必须由“中央政府”的“内政部”订出一套“国宅配售程序作业规定”。然后，省市政府再根据这个规定办理“配售”。而所谓“配售”，基本上并不是针对实际需要，把国民住宅分配给最需要的中低收入户；“配售”，是把申请资格定得很宽松，然后把符合规定的数万人全部放在一起，再抽签决定申购的优先次序。以台北市为例，最需要住宅的人可能排在五万多号，依目前每年盖二千多户的速度，二十年之后也许可以配得到；最不需要的人，可能运气好而排在百名之内。在“社会资本”匮乏的社会里，做事情的方法真是非常的“特殊”。类似的事普遍得很，“国宅配售”只是一个现成的例子而已！

当然，指出我们自己的社会欠缺“社会资本”，并不是什么值得高兴或喝彩的事，比较重要的倒是值得去思索：物质资本和人力资本都可以靠着点点滴滴的储蓄而逐渐形成。可是，是哪些因素使一个环境里能慢慢的累积“社会资本”？还有，是哪些因素能使一个社会的“社会资本”不致于耗损消逝？

有一位朋友的女儿已经读国中，但是他每天还都亲自陪她上学、接她放学。显然，他认为现在我们这个环境里并没有什么社会资本可言。不过，不知道他将来会不会陪女儿上高中、上大学，或者说，什么时候他才会放心的让他女儿到社会上去闯荡？

为真理而战

在隔绝四十年之后，台湾和大陆终于重新建立起往来的渠道。不过，四十年改变了很多人事，也造成了许许多多的悲欢离合。我的父母是1938年前后由大陆来台，在这个大环境之下，我们家当然有属于我们自己的一份忧喜。

几年前爸爸和大陆的亲友联络上时，祖父还健在。因为当时还没有开放探亲，所以没有能见上祖父的最后一面；也许就是因为这一层的愧疚，父亲对叔叔和侄子们就特别的慷慨。除了汇去大笔的钱帮他们盖房子之外，还先后寄过去新台币几十万元让他们做生意。可是，大陆的亲友们却不断地有新的名目要钱。

爸爸对这一切都很热心，但是妈妈却很不以然。她觉得大陆的亲友把伸手要钱视为当然，而且没有感激之意；她认为爸爸是一头热，热切得有时候几乎忽略了自己身边人的情绪起伏。

因为大陆亲友这件事，爸妈不知争执过多少次、怄过多少气。我们子女夹在中间，哭笑不得。听爸爸讲时，觉得他振振有辞、理直气壮；听妈妈说时，觉得她一忍再忍、受尽委曲。事实上，分开来听，两个人都讲得很有道理；听谁讲都会觉得另外那一方是不可理喻的“坏人”。可是，以我近四十年相处的经验，我知道他们两个人都是“好人”——他们在一年之内所做的“善事”，可能要比我这一辈子做得还多！

有一次，我和爸爸开车到机场去接多年不见的二姐；回程路上二姐问爸妈最近相处得怎么样，我忍不住话中有话的说：“在钻研社会科学、探讨人的行为多年之后，我归纳出有关人生的两大定理：第一，‘这个世界上没有真理’，所有的道理都是相对的、是条件式的，不过，没关系；第二，‘五十岁以上的人都是圣人’——因为听他们叙事说理，总不得不钦佩他们思虑周到、言之成理、处处为人着想、自己毫无瑕疵。”爸爸听出我话中的调侃，但不以为意的说：“那你自己再过没多久也是圣人啦！”

几个月之后，有一天和内人发生口角，我突然又想起“世界上没有真理”这件事。

我们争执的焦点，还是儿子吃东西的问题。我说，孩子要吃就吃，不吃就不吃，他生理上自然会调节，不要整天往他嘴里塞东西，他反而会没有食欲。她说，小鬼已经是瘦巴巴的，如果不追着喂他，还得了。我的态度是，他不吃，就饿他一段时间，一个星期之内一定奏效。她的说法是，别人家的小孩根底厚，经得起饿，我们家小鬼一饿就没了。然后，她一想起花一两个小时准备材料、做东西，再花一两个小时一汤匙一汤匙的追着、哄着、吓着喂小鬼，而我却总是冷眼旁观；新仇旧恨涌上心头，讲话的遣词用字就不是那么典雅了。

而且，小鬼吃东西只是一例而已。当我们发生冲突时，总是为我们所共同经历过的事磨擦。可是，即使当初是我们两个人一起面对、一起因应的事，事后追究起来，我却一再的发现，对同一件事两个人竟然有南辕北辙的认知和解释。刚开始时觉得很讶异，明明是同一件事，而且两个人都还算是讲理，为什么在认知和解释上有那么大的差别？久了之后，我慢慢体会出一点道理：人，就是不一样。即使是一起生活、最亲密、最有默契的两个人，在某些事情上就是会有不同的看法和感受。而且，因为每一件事都有很多的面向，两个人着重不同，当然也就会有各说各话、都有道理的场面出现。因此，一旦有是非发生，重点也许就不在于"找真理"，而是找到能让两个人和平共存的空间就可以了——因为真理不一定存在，但是两个人还得要过下去！

自己体会出对人生这么深刻的观察，真有点洋洋自得、自矜自是。也许，我可以把"圣人"的年龄往下降。

宪制经济学

美国的布坎南教授于 1988 年得到诺贝尔经济学奖之后，收到世界各地的邀请，请他去演说和讲学。

盛名所累之下，这些邀请有时候多得他几乎无法负荷。但是，他总是尽可能的拨冗应邀，特别是对于那些来自小学校、小地方的邀约。他希望能到那些其他大师可能不愿意一顾的地方；因为，他说，他要让这些地方的人亲眼看到，像他自己这样一位来自小学校、数十年学术生涯里备受忽视冷落、没有显赫资历的学者，一样可以经由长时间平实的努力而得到学术领域的桂冠！

在这些演讲的场合里，布坎南总是一而再再而三、不厌其烦的阐扬他所手创学门“公共选择”和“宪制经济学”的精义。有一次，他谈到了规划宪章时的难处。

一般政治学者在探讨政治问题时，往往针对眼前的各种政治现象来论对是非，以及提出兴革的建议。可是，既然政治现象是在现有典章制度结构之下的产物，要改善现况就值得从比较根本的典章制度本身着眼。不考虑结构性问题，而只在个别问题上打转，就有点像“头痛医头、脚痛医脚”，永远是一种消极片面的因应，而不是全面积极的主动调整。

一旦把关注的焦点由“个别问题”转移到“基本规章”上，下一个问题当然是：怎么选择典章制度？既然有那么多不同的典章制度，怎么样才能选出众人所支持、可长可久的典章制度？

对于这个棘手的问题，布坎南毫不回避，而且是正面面对。他把一个人对典章制度的选择分成两部分：“理论”的部分和“偏好”的部分。既然可能的典章制度有很多种，而每一种典章制度的特性各不相同；因此，值得平实深入地了解各种典章制度的特点实行之后所可能产生的结果。这个部分就可以借助社会科学乃至于自然科学研究的结晶，客观的加以比较。这纯粹是推理和分析，丝毫不带感情的成份；这就是“理论”的部分。

即使经过比较分析，知道每一种制度的特性，但是，每一个人基于各自的背景、身份、地位而会对于各种特性有不同的好恶。譬如，大家都同意直接税和间接税的特性不同。可是，如果我是家有恒产的人，我当然反对偏重对财产课税的间接税；如果我是靠薪水度日，我当然赞成多课间接税而少课所得税这种直接税。这种纯粹由于个人特质而有的好恶，是不能用“理论”来解释的，这就是“偏好”的部分。

既然典章制度的取舍是由众人选择，因此，对于“理论”的部分，就值得通过沟通说理，取得大家共同的认知——一种对理论的“共识”。可是，对于“偏好”的部分，每个人既然各有所好，也就毋需强求一致，而只要找到彼此能容忍共存的交集就可以了——一种不同偏好下的“妥协”。

布坎南对“理论”和“偏好”观点当然很有启发性。对于典章制度的选择，大家可以先把各种可能的安排放在一起，理智客观的比较各个安排的特性；然后，再在尊重每个人偏好歧异的基础上，寻求大家都能（勉强）接受的妥协。更广泛的看，“找真理”只不过是在“理论”层次上的辩难而已。一旦进入“偏好”的层次，“真理”根本不存在，有的只是每个人自己的好恶。这时候，除了尊重他人的好恶之外——就像希望别人也尊重自己的好恶一样——没有、也不应该有其他的企望！

布坎南曾用一句话精致传神的点出了民主政治的内涵，他说：“有些人喜欢吃大蒜，有些人不喜欢；同样的，对于援外的支出亦复如此！”仔细想想，吃不吃大蒜每个人可以各取所好、各得其所；援外和其他的公共事务却不能这么做，而必须有其他能为众人所接受的安排。不是吗？

因果关系

晚上看晚报时，前翻翻后翻翻，没想到在不经意之中发现两则很有趣的报导。一则是有关“考选部”向“行政院”提出下年度预算时明确表示，将在明年提高各种考试的命题费和阅卷费。“考选部”王部长在记者会上表示，现在阅卷费一份三十八元，“连擦双皮鞋都不够”。另一则是电信局主动发布新闻表示：自下个月起凡是因为受施工影响而停话的用户，停话当天起就开始免收电话租金。和以前停话三天之后才免收租费相比，这显然是相当程度的改善，有点“礼轻情意重”的味道。

这两则新闻看来毫不相干；可是，说来奇怪，我却觉得在某种意义上这两件事都和“我”有关。

两三年之前，因为附近刚好在进行一些线路维修的工程，所以家里电话不通了好几天。“需要是抱怨之母”，我打了好几次电话给电信局的服务中心问工程进度，也顺便问停话期间电话租金的算法。我得到的答复是：停话三天之内费用照算，第四天开始免收租金。我表示质疑，认为既然用户不能享受到契约上的权利，当然就应该从一开始停话就停止收费。除了打电话反映之外，我还写成一篇短文，题为《做个没有声音的人》，以笔名登在报纸副刊上。没想到，电信局公关科竟然把这些事联想在一起，打电话到家里说已经把剪报和我的建议一起呈送上级处理。

这是两三年前的事，我几乎早已忘了这回事。

去年暑假高普考之后，我依往例和系上老师到“考选部”

去改考卷。吃饭休息时几个人凑在一起聊天，都一致惋叹阅卷费太低；低得让某些阅卷老师在阅卷时红笔如飞，当然，草菅人命的结果是考生受害。阅完卷之后我又写成一篇短文，题成《各尽所能，各取所值?》，登在两大报之一的“民意论坛”上。文章里虽然没有明白指出阅卷费太低，但强调的重点之一是报酬和工作表现之间的诱因关系。文章里最后一句话（大意）是，“如果精神真的能取代物质，那么，也许在每天早上开始阅卷之前，应该请‘考选部’王部长精神讲话，阐释‘享受牺牲，牺牲享受’的意义”。

这是半年前的事，文章注销来之后，我还剪报寄了一份给师长辈的王老师（部长）。

我不清楚这两件事的转圜改善到底和我有多少关系，不过，除了为这两则新闻在同一天出现的巧合而觉得饶有趣味之外，我事实上有一些感想。

除了在学校里教学之外，我偶尔会接受邀请，到校外做几场演讲。在讨论时，几乎总有听众举手表示：“社会上弊端丛生，为什么学者不挺身而出，一校时弊?”每次碰上这种问题我总是毫不避讳的说出我的想法：“我是学校里的一位老师，我的工作（也就是我的专长）是把书教好，让学生得到启发。我有自信能比我的老师教得好，我也希望我的学生将来能教得比我好。对我而言，这就是我愿意为社会进步所付出的心力。”当然，这种说辞不太讨好，有时候还会遭受“独善其身”、“自私”的讥评。

不过，“做好自己擅长做的事”当然有更深刻的意义。就教书而言，这是我的专长，自然比较容易把事情做好，比较容易寻求改善。而且，因为我能相当有效地掌握影响成效的条件，所以“因果关系”很明确；我的投入付出会和结果之间有直接的关联。对于那些离我比较远的，即使我有自己黑白是非的判断，因为我所能掌握的有限，因果关系自然模糊不清。因此，对照之下，我当然值得、甚至是应该，把主要的心力时间花在自己擅长做的事情上。

当然，这并不表示我在其他方面不可以行有余力的有所表示。不过，除了“停话租金”和“阅卷费”之外，我确实还表示过很多其他的兴革建议，而那些也可能正在蕴酿成形。可是，对我而言，在那些事情上我能掌握多少的因果关系呢？

第 11 章
误差的界限

虽然历史是由一连串已经发生过的事件所组成，但是，这些事件的意义却是由“历史研究”反复不断的加以分析和阐释。

诺斯（Douglass North）可以说是“新（经济）史学”研究的佼佼者：他运用尖端的经济理论重新解释历史，不但能讲出更完整、更有说服力的“故事”，也为他自己挣得了1996年的诺贝尔经济学奖。在他的成名作《西方世界的兴起》这本书里，诺斯就以短短一百五十余页的篇幅，重新阐述从10世纪到18世纪这段期间里，欧洲的兴衰起伏。

在16世纪以前，欧洲大陆的荣枯仿佛是被一种宿命论式的循环所支配，而“人口数的多寡”则是主导这些循环的唯一因素：在当时以农业为主的经济体系里，人口持续的增加之后，原有的耕地不敷使用。所以，较偏远的土地会逐渐被开垦生产，但是这些次等耕地的生产力较差。因此，伴随着人口增加的是每个人的平均所得下降。平均所得下降隐含的是生活质量较差，每个人能摄取的养分慢慢减少，人的抵抗力也因而下降。因此，人口密度上升加上抵抗力减弱，刚好就为饥荒、瘟疫、战祸、革命等天灾人祸提供最有利的条件。

当几十年、甚至上百年的饥荒、瘟疫和战乱扫除了大量的人口之后，另一个循环于焉展开：人口减少之后，可以放弃较差的土地，农业生产力上升，每人实质所得增加，营养改善，人口开始膨胀——一直到下一次大自然再做无情的淘汰为止。人，挣脱不了自然条件的束缚。

然而，16 世纪是欧洲大陆的转折。经过一个多世纪的发展，欧洲的人口已经恢复到 14 世纪的水平。虽然人口增加可能会再度导致自我残害，但是，有些区域已经能挣脱大自然的咀咒。

荷兰和英国是两个成功的例子：经历一段稳定成长的岁月之后，地区性的小型贸易慢慢扩充规模；几个港口慢慢成为大型的商埠，在市场里交换的资源越来越多。市场的规模扩大之后，各种金融性产品也就次第出现。募股公司、专业代理、资本市场、贴现市场等等，都应时而生。在这个发展的过程里，政府（皇室）不但没有干预阻挠，反而采取诸多措施以促进市场活动的勃兴。

和荷兰和英国这两个成功的例子相比，法国和西班牙的际遇就令人掩卷叹息矣——诺斯教授用“陪榜者”这个名词来描述法国和西班牙。当区域间的贸易正在萌芽的阶段，法国皇室不但不加以呵护，反而以一连串的措施来抑制市场的扩充，并且设下层层关卡来课税。各个地区里的工会被赋予独占垄断的地位，而工会则划地自限的订下种种严苛的规定。譬如，关于布匹染色的规定有三百一十七款，一般的布匹也要经过六道的检查手续。经济繁荣所需要的自由不但没有生存的空间，还被残忍的扼杀。

西班牙的情形也是异曲同工：皇室为了维持庞大的军力，所以除了没收私人财产之外，还大量向民间举债。政府的利息负担越来越重，结果，先是片面的宣布延长债期和降低利息，然后是一了百了的宣布破产、赖账了事。既然私人的财产权不受保障，因此久而久之，工作和生产的诱因完全消失。当时最好的出路是当学生、僧侣、乞丐或官吏，因为可以衣食无忧！西班牙从此再也没有成为世界级的霸权！

现在再看这些历史事件，除了有后见之明的奢侈（和感叹）之外，当然有一点质疑：在现代社会里，哪些措施会造成和法国、西班牙一样的命运？有没有办法避免？

关于这一点诺斯在书里并没有讲！

地下经济

前一段时间利用学校放春假，到西班牙参加一个学术会议。会议在靠海的观光胜地瓦伦西亚举行，开会之余，也抽空漫步街头，享受另一种文化的气息。

有一天午餐过后，我和一位大陆留法的学者顺步走到会场旁的小公园里聊天。附近长椅上零零落落的有一些情侣和老人在晒太阳和打瞌睡；公园里的小喷水池里，大理石雕像汩汩地流出清水。和繁华嘈杂的台北街头相比，这真是一幅宁静祥和的画面。

和朋友找到一个长椅落座后，我们随便闲聊。他觉得研讨会里的一篇论文很有趣：在中国大陆送红包、走后门的风气很盛。大家都觉得不好，但大家都这么做。这种“地下经济”到底是社会里人际交往的“润滑剂”还是“腐化液”？

我说，对个人好的事，对社会整体来说不一定是好事。这还不算麻烦，比较麻烦的是两个社会之间比较好坏的问题。我告诉他，自己曾写过一篇短文，提到菲律宾的妇女如果到台湾看到孩子少的好处，回到菲律宾，也许就不会生那么多的孩子。所以，社会之间好坏的比较其实就看经过彼此交往，哪个社会受到影响而发生改变。

朋友有不同的看法。他说，即使菲律宾的妇女到过台湾，回到菲律宾之后还是可能会生很多的小孩子——因为环境里期望和压力的关系。

我想了一下，然后表示：或许在个别事例上可能会有这种现象。不过，这应该是一个百分比的问题。如果有一百个菲律宾的妇女到台湾参观，也有一百个台湾妇女到菲律宾参观。回去之后，或许有三十个菲律宾的妇女有勇气改变她们的选择，而只有五个台湾的妇女愿意多增加子女。这样一来一往，就可以反映出哪一种做法“比较好”。

朋友微微点头，不再表示意见。开会的时间也到了，我们就在和煦的阳光下慢慢走回会场。不过，当我在会场里坐定，却开始觉得自己的观点似乎稍微粗糙了一些。

虽然两个文化发生接触时以“被说服（征服）”的比例作为指标，确实可以看出两种文化间的相对强弱；不过，“强弱”不一定等于“好坏”。尤其当不同文化接触时，最直接的往往是感官上能立即反应（接受或排斥）的东西。所以，可口可乐、电视、冰箱、电动玩具几乎是所向披靡、打遍天下无敌手，连新几内亚的土著都人手一罐可口可乐。可是，难道这就反映出美国文化的优越性吗？这只不过是表示在美国这个资本主义的市场经济里，比较容易开发出一些能满足绝大多数人类口味的商品而已！

更麻烦的是制度上的取舍：即使非洲有很多国家向往西方式民主一人一票所隐含的个人自主，但是，直接移植选举代议制度的结果，是连年的战祸和破败的经济。在“民主政治”下，一般人民的际遇比部落王权时代还要凄惨。所以，“接受”并不意谓着改善或进步。

这么看来，也许评定好坏的准则不是在文化接触的那一个时点上，哪一个文化被影响（或征服），而是在接触、受影响之后，经过一段时间能由承受到消化，再孕育出一种新旧调和、兼容并蓄的文化。如果能过渡到新的、稳定的均衡，而且不愿意再重新回到旧有的生活方式，或许才是评定文化之间高下的比较好的一种指标。

会场外的阳光亮丽、空气清新，我却忍不住怀疑，历史上到底有多少社会在经过接触和考验之后，还能幸运的浴火重生、步上坦途？

好坏之间

几年前开始，我除了在大学和研究所教书之外，也帮学校的推广教育中心上一门课，学员们主要是各级政府中级以上的行政人员和各级民意代表。

不论是在哪里上课，我教的课基本上就是介绍“经济学的世界观”——由经济学的角度来认知我们所面对的这个世界。既然是从经济学的观点着眼，当然免不了开宗明义地介绍经济学的两大基本假设：人是自利的、会追求自己的福祉；人是理性的、会思索。

对于系里的大学生和研究生而言，他们早已在别的课堂上接触过这两个假设；所以，我毋需多费口舌，就可以在这两个假设的基础上进一步的发挥。可是，对推广教育的学员而言，当我介绍这两个假设时，马上引发一连串可说是义愤填膺、而且几乎是要揭竿而起的质疑：人并不是完全自利的，父母对子女无悔无怨的付出难道是自私自利的吗？多少英雄豪杰共赴国难、为国捐躯，难道他们是自私的吗？世风日下就是因为道德沦丧，呼吁大家不要自私自利犹恐不及，怎么能承认人就是自私自利的？

初碰上这样的质疑（和责难），我当然免不了兵来将挡、水来土掩的一一批驳。几次之后，我换个方式，我只反问在座的学员：大家都上过市场，有哪一位买水果时是尽拣那些最烂、最酸、最小、最破、最丑的水果？拣走这些好让其他人能买到又甜、又美、又大、又漂亮的水果！听了这些话，学员里尽管有人心里嘀咕，总接不上话；而且，经过一个多月的时间之后，绝大多数的学员也都能接受我所介绍的世界观。学期刚开始时，有人表示担心上这门课是在“做虚功”——花了一学期的时间，最后发现学到一些空洞的东西。可是，到了学期末，却一再有人指出，上了这门课使自己思想上经历一次洗礼，自己已经成为经济学的忠实信徒。还有一位民意代表表示，上了课才深切的体会出，对公共政策的讨论其实从经济学的角度往往最能切中问题的核心。

虽然我很高兴能直接间接的促成他们的转变，但是，我却不只一次的自问：如果我没有机会帮他们上课，他们照样有自己原来的世界观可以依恃，也照样可以应付工作和生活上的种种考验。我真的能很有自信的说，他们的转变“是好的”吗？

经过一段时间的琢磨，自己觉得或许有两点可以稍稍释怀：首先，由经济学对人的假设来认知世界，我相信比较有解释力。对于观察到的各种光怪陆离、不一而足的社会现象，比较能做合理的解释。譬如，原来的世界观可能解释60%的社会现象，由经济学的角度，或许可以对80%~90%的现象提出解释。而且，解释力提高之后预测能力自然也会水涨船高。因此，在变动不居的社会里，经济学可以说是提供了一副安身立命的“眼镜”。其次，“解释”隐含的是一种以理性的态度来认知、分析和判断。对于无法解释的部分，原来只好借着情感(情绪）上的变化来因应，或者是气愤、忧伤，或者是排斥、视而不见。当经济学的观点提高了解释力之后，原先不可理解的比率下降，也自然不再需要以情绪起伏来因应。人，可以过得更自在、从容、优雅、稳健一些！

当然，我的解释可能只是自圆其说，经济学的世界观不一定真有这么大的魅力——据说美国曾有统计显示，经济学家离婚和酗酒的比例并不低于一般人。

螺丝的责任

周日上午到研究室想做点事，但是，因为前一天晚上应酬时多喝了点酒，头脑还不完全清醒，就只好东摸摸西摸摸的处理一些琐事。

快中午时披上夹克，到附近买个便当，顺便到文具店里买一小条强力胶好黏软木垫。也许是我穿着邋遢，面容颓唐，举止不十分稳重；当我向文具店的老板表示要买强力胶时，他抬头看我一眼，然后说：“没有卖！”

我精神一紧，说：“前几天还在这里买了一条，怎么会没有，我还记得是放在下面的柜子里。”然后，又心平气和的加了一句：“别担心，像我们这种年龄的人是不会去吸强力胶的。”老板没有再坚持，他从柜子里拿出一条强力胶，我给他十块钱。

回到研究室之后，我一边挤强力胶到软木垫上，一边回想刚才的那一幕。

我当然知道老板斟酌的用意：怕别人买了强力胶去吸食，然后惹事生非，甚至闯祸。他显然是一番好意。可是，我却不能理解他为什么要这么做？即使别人买了强力胶真的做了什么歹事，跟他也毫不相干；何况他是生意人，责任就是卖东西赚钱。如果别人确实是买了去吸食，他故意不卖反而可能惹麻烦上身。所以，他何必要“天下兴亡，匹夫有责”的做对自己“有害无益”的事呢？

想着想着，我忽然联想到几年前思之不解、最近再想起却稍有所得的一个问题：理性的人为什么会去投票？既然自己投不投票都会有人当选，由自己那一票决定胜负的机会微乎其微，而去投票又花时间气力；所以，投票是对自己弊大于利的事。可是，为什么民主社会每次选举都还有那么多人去投票呢？

以前思索这个“投票谜思”时，总是考虑投票这件事本身的利弊得失；最近再咀嚼琢磨，却有不太一样的体会。

一个人从小长大的过程里，经由学习、摸索、以及和别人的交往互动，会慢慢发展出对自己的一种认知。譬如，可能认为自己是个有正义感、大致上诚实、喜欢交朋友……等等的人。这种自我认知意味着，一个人会对自己有一种“自我形象”的评估和期许，在处事以及和别人交往时，就会用这个“自我形象”来因应环境，决定自己的行为，这么做可以降低行为取舍时思索判断的成本。所以，如果在一个人的“自我形象”里，自己是一个热于助人的人，那么，当有人在公交车上刚好缺零钱而向自己求援时，自己绝不会坐视不管。维持一定的自我形象就像是在脑海里为自己设下一些要遵循的小规则，可以让自己更容易的处理所面对的各种情况。

根据这种观点，既然社会上有相当比例的人都认为自己是个还不错的人：认真工作、照顾家庭、帮助朋友、按时纳税。所以，为了维护这种自我形象，在选举时也就会像一个还不错的人一样的去投票。如果不去投票，自己心理上所承担的成本，可能要超过来回投票地点所耗费的时间心力。权衡取舍之后，可能就会有相当比例的人基于维持自我形象的原则而去投票。

对文具店的老板而言，或许就是同一种心理反应：自己在平时是有正义感的、会路见不平拔刀相助，对于吸食强力胶可能会有道德上的谴责。因此，一旦面对可能有人逾矩的情况时，就宁愿放弃眼前的小利，而维持道德良知上的平衡和自我形象的完整。

这么看来，一个民主和正常的社会能够正常运作，确实是要依靠许许多多人心里的良知和责任感。大家自觉或不自觉的所采取一些对自己“有害无益”的行为，在涓滴累积之后，就可能发挥积沙成塔的作用。不过，比较令人困扰的问题是：要有百分之多少的人去投票、会拒卖强力胶，一个社会才可能维系不坠？

两个世界

前一段时间有两次机会到校外去演讲，讲的内容差不多，但面对的听众却很不一样，也就经历了很不一样的体会。

先是在三家电视台之一录制一场专题演讲的录像，时间是周六下午。因为演讲也对外开放，所以演讲时我发现有二十来位的听众，其中大部分都是六十岁以上的退休人士或资深公民。我在演讲中提到，台湾的第一次土地改革虽然造成农村的繁荣，得到佃农们广泛的支持，但是，“耕者有其田”政策是把地主的土地以很低廉的价格转售给佃农；对地主的权益而言，造成很严重的侵害。有些地主因此而批评政府，后来被逼得流亡海外；有一部分就因此成为“台独”人士。所以，当时的土地改革政策虽然成功，但我们不应该忽视这些政策的阴暗面。

讲完以后，有好几位资深公民举手表示不同的意见。他们说，政策只要能造福多数人就是好的政策；少数权益受影响的人应该以大局为重。有人还指责我是“帮地主讲话”，对我不能谅解。我虽然婉转解释，好像没有什么效果。

演讲过后几天，我接到一封信，署名“一群听众的声音”。信里再一次对我的观点多所指责，最后有这么一句：“我们希望你做学问要客观，要对得起自己的良心。否则信口开河，怎么向大众演讲呢？”还有，“请你——自重！”

没隔多久，我帮一位同事到一个基层金融人员培训中心去演讲。对象是一百位左右、由台湾各地农会选派来参加的中级干部，年龄大约在三十到五十岁之间。

我讲的内容和前一次差不多：先谈课土地增值税的问题，再回顾第一次土地改革的种种。我说，以“实际交易价格”课土地增值税的问题可以分成两个层次：第一个层次是“做得到做不到”的问题，也就是技术上可行不可行。如果技术上确实可行，才能探讨问题的第二个层次，也就是“以实际交易价格课税好不好”的问题。我举了很多实例来说明，以目前的情况判断，要掌握土地交易的实际价格非常困难。所以，即使不触及第二个层次的问题，我都反对以实际交易价格课增值税的构想。

讲完之后，有一位中年男士站起来说，他很佩服我的观点。当初他看到几百个大学教授联署赞成“以实价课税”时，心里很生气，觉得那些大学教授怎么会那么奇怪；现在知道也有大学教授是脑筋清楚、“头壳没有坏掉”，他觉得很高兴。其他发言的人也都反对以实价课税。虽然我没有征询意见，但是，如果我请反对实价课税的人举手的话，依当时的气氛判断，我想大概全部在场的人都会举手。

两次演讲离现在已经两个多月，但是那两个环境的极端对比却常在我脑海浮现，而且徘徊流转，久久不去。

不论是退休人士、资深公民或基层农会的干部，他们和我一样，都在这个社会里生活。可是，为什么对同样的一件事在认知上会有这么大的差距呢？而且，更重要的是，为什么对立场不同的人会有那么明显、那么强烈的好憎？他们好像是活在两个完全不同的世界里，彼此不了解、也没有接触。在信息供应这么丰富、消息传递这么频繁的时空里，为什么会有这么大的鸿沟呢？

如果大家对事情的取舍好恶本来就是不同，所以也不必强求一致。那么，退而求其次的想，不在事情的“结果”上争论对错，大家是不是能对于决定事情的“规则”有比较一致的看法呢——我不喜欢你的想法、也不喜欢你，但我绝对尊重“表决”（或“抽签”、或其他）的规则。如果表决的结果是你赢，我会接受，即使我心里不高兴。也就是说，规则是主要，结果是次要。能不能有这样的体会呢？

不知道什么时候会再有对外演讲的机会，不过，也许我应该先做点准备，试着找一些数据，能简单清楚的阐明“规则”的意义和重要性。

好价值的由来

在学校里当老师的特点（或特权）之一，是有机会面对学生所提出各式各样的问题。因为我教的是社会科学，所以学生的问题往往和实际社会现象有关。

最近连续几周碰上一些很类似的问题：为什么社会这么乱？为什么政治上彼此倾轧得这么厉害？为什么政府不能发挥公权力？我费了一些口舌解释，但是似乎不能令学生满意。于是，这几天我就花点心思，想了几个例子当材料。

对大学里的老师而言，教授评职是大事。提出评职的人的资料由另外两位学者评审打分数，平均七十分才及格。某大学的副教授数据送审之后，一个打九十三分，一个打四十六分。两个分数差这么多简直是匪夷所思，更麻烦的是两个分数加起来是一百三十九；平均分数不到七十，因此不送第三位评审——明年再来。

第二个例子是博士班资格考，三位老师出题，及格分数也是七十。结果，有某大学教授给一个应考的研究生“十分”。十分的意思是除非能从另外两位老师那边都得到满分，否则平均分数一定不及格；给十分的老师等于是一票否决了这个研究生，事实上另外两位老师都给了这个学生还不错的成绩。

第三个例子是校园里面的选举。在“教授治校”的口号之下，现在学校里的系主任、院长、校长都是由选举产生。大概有些人对行政事务比较有兴趣，所以有些选举竞争得很激烈。有一个大学里在系主任选举时，助选的人为了巩固票源，竟然在一天之内打了“十二”通电话给同一位老师。接电话的人不胜其扰，也困惑不已。

另外两个例子也和教授之间的倾轧有关：中部一所大学里，被联手围剿的教授罪名之一是：“偷拿”学校的卫生纸回家用！还有更骇人听闻的：南部某大学里派系斗争异常激烈，双方手段无所不用其极。最后，某一位院长在办公室里只敢喝自己倒的水，因为工友倒的水可能被下毒！

在一般人正常的想象里，大概很难相信这些事例的真实性。不过，这些都确实发生过，而且，这些都还不是最糟、最肮脏的，还有很多正在发生的是不能（不忍）见诸文字的。

为什么呢？这些人都是大学里的老师、有硕博士学位、是社会的精英，怎么会做出这些不可思议的事呢？

一言以蔽之，“好价值的出现是有条件的”。举两个简单的例子：现在在都市里，绝大多数的车子都遵守红绿灯，这显然是一个“好的价值”，而这个好价值是由众多开车的人自我约束下所支持的。在都市外，“遵守红绿灯”的好价值还没有出现。另外一个例子：现在大家都能吃到美味可口的各式面包；这也是一种“好的价值”，而这种好价值是因为面包店彼此竞争激烈，使得故步自封、墨守成规的面包店被淘汰出局。

相形之下，大学里的情形显然不太一样。虽然现在大学里的设备逐渐现代化，老师也多半经过严谨的学术训练；所以，在某些面向上，现在的大学要比以前的大学好得多。不过，在大学这个“小社会”里，还有许许多多大大小小的各个面向；每一个面向都要有环环相扣的条件，才可能衬托和支持出“好的价值”。如果相关的人不自我要求、而环境里又不具有彼此竞争和制衡的条件，好的价值不一定会出现，而不好的价值当然也不一定会被过滤淘汰掉！

我准备了这些材料打算去说服我的学生，不过，不知道够不够发挥“帮学生解惑”这种好价值？

第 12 章

科斯定理

1991年的诺贝尔经济学奖得主是科斯，他是公认“法律经济学”的鼻祖；他所提出的“科斯定理”，几乎已被奉为法学的圭臬。不过，虽然科斯享有开创性的崇高地位，但是真正为法律经济学开疆拓土、攻城略地的，其实是科斯的同事波斯纳（Richard Posner）教授。波斯纳教授身为美国巡回法院的法官，同时在芝加哥大学法学院授课，理论实务兼长。而且，他非常用功，所著《法律的经济分析》已成为经典。

波斯纳教授认为法律有一项非常重要、也非常积极的功能：法律的目的“应该”是在促使“社会财富极大”。这个观点乍看之下似乎有点无稽，但是，明白原委之后，或许会有不同的感受。

如果问传统的法律学者，法律的功能是什么？答案大概不外“法律是在实现社会正义”、“法律是在维持社会秩序”之类的说法。可是，如果进一步的追问：为什么要实现正义？还有，维持社会秩序的目的是什么？大部分的法律学者都会猛然一愣，似乎从来没有想过这些问题。

对于这些问题，经济学者倒有个直截了当的答案：法律的作用是促使社会大众能尽可能的追求他们的福祉！试想，人类所规划出的一切典章制度（包括法律），最终的目的不就是希望通过这些典章制度，人们可以追求他们所认定的目标吗？

但是，“使社会福祉极大”是个想来有理、做来却困难的指导原则；试问“社会福祉”如何衡量？因此，波斯纳教授就提出一种退而求其次的原则：社会财富极大。这其实有两层含义：首先，社会福祉不好衡量，但社会财富比较容易衡量，可以以货币的数量作为衡量的尺度。因此，在设计法规时，就可以明确的以财富量的大小作为取舍的依据——长远来看，越能增进社会财富的法规，就是越好的法规。

其次，财富虽然含有铜臭味；不过，仔细想想，财富隐含的是对（物质）资源的掌握，也隐含着享受自由的可能——越多的财富意味着越多的自由。试问现代生活的必需品：电话、电视、汽车、大众传播等等，哪一项不是奠基在充沛的物质基础上，而这些“必需品”又带给人类多少过去所不敢奢想的自由。

因此，虽然“财富极大”并不等于“福祉极大”；可是，考虑现实条件的限制，“财富极大”可能是我们能为法律找到最简单、也最明确的指导原则。而且，“财富极大化”的内涵事实上还可以做进一步的发挥。

在人类社会的早期，一项行为的是非往往和道德上的对错彼此密切呼应。所以，杀人越货是不对的、是错的、是不道德的；法律的界定也就和道德上的戒律若合符节。但是，在现代社会里，一项行为要不要受到法律的限制或惩处，往往和是非对错以及道德高下无关；这时候在法律上的取舍，就可以纯粹从社会整体的福祉来着眼。譬如，“专利权有效期限是几年”和是非对错根本无关。要斟酌的是专利权如果太短，没有人有意愿投入发明研究，对社会不好；专利权太长，造成垄断，反而阻碍进步。因此，最后的取舍就在于“把专利权定为几年”

最能促进社会的福祉。同样的，进口要不要设限、国内农业要不要保护、国防、教科文预算要不要设限等等，都可以“社会财富极大”的角度思索。

在自然科学里，有好几个学科都设有诺贝尔奖；可是，在社会科学里，却只有经济学有诺贝尔奖。这是不是隐含着，追根究底，社会科学其实可以以经济学作为基础？

樱桃树的故事

前两天在上学校推广教育的课时，讨论到诚实的意义。我表示“诚实”这种特性是具有功能性的内涵，是人际交往时可以利用的资产。

讨论时，有一位中年的高级警官提到自己的亲身经历：几十年前读小学六年级时，有一天午休时间老师不在，大家嘻闹叫跳，吵到隔壁的班级。隔壁班的老师向自己的导师告状，老师下午上课时满脸铁青，要中午大声吵闹的小朋友诚实地站出来。年幼的高级警官和其他几位（不知好歹的）小家伙也不知道是基于什么理由，就诚实地走到教室前面。结果，老师一语不发，拿起木棍就重重的打了每个人一屁股。诚实的小朋友疼痛难抑、面面相觑，其他没有自投罗网的小朋友强忍住先见之明、幸灾乐祸的笑意。

高级警官提起陈年旧事，声音里还有一丝嘲讽和不平，他现在的同窗当然毫不保留地笑出声来。

我不好再调侃他：经过这个中文版的“樱桃树的故事”之后，他所得到的人生智慧是什么？（问高级警官这个问题，可能会让他再一次陷入说不说真话的两难），我纯粹从学理上提出一点补充：对那些诚实而受罚的小朋友来说，老师的做法当然会有不好的影响。而且，更重要的是从老师的角度来看，这种做法在第一次可能会萃取出一部分真实的信息；可是，老师和学生是长期重复交往，老师下一次所得到的“讯号”将更含混不精确。因此，从政策规划者的角度想，值得思索各种典章制度、法令规章所隐含的“诱因问题”！

这是前两天上课时发生的事，没想到，昨天晚上内人告诉我一个几乎一模一样、发生在儿子身上的事。

儿子的幼儿园上午去参观美术馆，中午到小公园里午餐。老师告诉小朋友：刚才在美术馆里自己觉得太吵闹、不守规矩的举手，这些小朋友吃过饭后不能去玩，其他的小朋友可以去玩半个小时。结果，只有儿子和另外一个小女孩举手；儿子说，在美术馆里还有很多比他更吵更闹的小朋友都没有举手。

内人问儿子自己觉得怎么样，他说，虽然看到别的（没举手的）小朋友可以去玩有点难过，可是老师称赞他和另外那位小女孩很诚实。所以，他觉得还好！

在短短的几天之内连续听到这两件事，我不禁兴味盎然的想从里面萃取一些人生的智慧。

高级警官的经历大概是坏得不能再坏的情况：诚实的小朋友受到处罚，下次（比较）没有意愿讲实话；不诚实的小朋友从“先见之明”里得到启示，下次更不可能会讲实话；老师自以为对症下药、杀鸡儆猴，结果是下次无鸡可杀，而可能只好鸡兔同笼、牛骥同皁的一视同仁。没有任何人因为这次经历而得到正面的启发，事情只会往“较不好”的方向演变。

相形之下，儿子的经历可隐含了很多层正面的意义：诚实的小朋友是在知道后果的情形下，自己做的选择；而且，事后还意外的得到老师的赞扬。所以，以后还会继续说实话。不诚实的小朋友虽然有得（可以去玩），可是也有失（没讲实话的成本和没有得到老师的鼓励），因此，可能有些人下次会愿意讲实话。老师事先就讲明处罚，得到一部分真实的讯号；处罚了举手的小朋友，但也给了他们别人所没有的奖赏。所以，下次很可能会过滤出更真实的信息。而且，有趣的是，老师对诚实的肯定为这件事添增了一个光明可喜的面向：老师等于是凭空创造出一种可贵的资产，不但在这一次事件上产生了正面意义，而且为未来诱发出更多好的价值！

几十年之后当儿子在课堂里面对诚实这个问题时，相信他会以不同的语调讲出和高级警官不一样的故事。

傲慢与偏见

下午送一位朋友到车站搭车，车子离站后我过街搭出租车回学校。红灯前刚好停了一部空车，我就敲敲车窗、开门坐进后座，顺口说：“麻烦你到×××。”

司机用台语问了一句：“要去哪里？”我重复了一次。红灯变绿灯，车子就慢慢往前走。司机没回头的说：“已经坐进来了。”我不清楚他的用意，也就没答腔。过了没两下，他又说了一次“已经坐进来了。”然后，他问我会不会说台语。我说在台湾出生长大，当然会，只是说得不太流利。

司机大概觉得这个答案还过得去，就平白直叙，他一向不载讲国语的客人。只要客人一讲国语，他就请他们下车。刚才是因为我“已经坐进来了”，他才勉强按捺下来。即使不载讲国语的客人他的生意照样过得去，而且心里痛快得很。他问过很多朋友："如果有人先打你一个耳光，再向你道歉；你愿意接受吗？在他的朋友里，没有半个人愿意接受道歉。"

我知道他话有所指，但无意引发一场无益的论对，就不动声色地听他继续发表高见。

我一面听他抑扬顿挫的"道理"，一面觉得有点意外：过去听过看过报导，知道曾有出租车司机把讲国语的乘客赶下车；可是，从来没有想到这种事几乎就活生生的发生在自己的身上。可是，在情绪上还一片复杂时，我却想起以前看过的几篇文章。

不载讲国语的人、不向女人买计算机、不和初出茅庐的年轻人打交道、不和有色人种做朋友……，不论是基于什么理由，这些行为在性质上都反映着某种成见（偏见）。虽然成见是一个人主观上的判断和好恶，别人不一定有置喙和干涉的权利；可是，因为偏见作梗的关系，确实会阻碍了很多可以彼此交往互惠的机会。如果能消弭偏见，人可以更完整地发挥自己的潜能，也更可以享受别人的智慧和才情。

不过，问题是：怎么样才能消弭偏见呢？减少偏见最好的方式是什么？

有些经济学家相信，通过市场机能的节制，最可能过滤掉意识形态上的偏见：如果一个黑人卖的东西明明价廉物美，但是因为种族上的好恶你避而不顾；结果，是你自找麻烦，减弱了自己的竞争力，甚至可能蒙受其害。同样的，如果你是商人，但是要个性、不卖东西给黑人；结果，平白把赚钱的机会拱手让给别人，损己利人。只要市场的竞争激烈，那些有偏见的人竞争力将会比较弱，也就会被自然而然的被淘汰过滤掉。

这种对市场机能特性的阐释当然很有启发性：市场不只是

使买卖双方能透过交易而互惠；而且，在竞争的压力下，胜负得失是以实力来分高下，而不是以其他不相干的因素。在这层意义上，市场机能可以说是“色盲”的。不但没有偏见，还可以让有偏见的人自食恶果，慢慢被淘汰出局。

不过，虽然在观念上，市场机能确实有某种过滤和淘汰的功能；但是，在实际的世界里，这种功能却有时而穷。在竞争不是那么激烈、利害不是那么重大、胜负不攸关生死的环境里，好的结果不一定会出现，不好的现象也不一定会消褪。而且，更麻烦的是，在人和人的交往里，只有很小的一部分是通过市场里的交易。在其他“非市场”的交往互动里，公平竞争、优胜劣败的可能性更低，偏见、歧视、差别待遇、双重标准等等，当然也就可能存在和延续，甚至渐渍而扩大。

付钱下车时，我用台语说了声“多谢”，他也用台语说了声“顺走”。可是，我不知道他下次会不会载讲国语的客人，我也真的不知道消弭偏见最好的办法是什么？

后记：谨以此文向台北“蒙特梭利理想园”的小吴老师和其他老师致敬。“理想园”由吴玥玢女士（大吴老师）创办，在老师们经年累月的用心经营之下，成为一个非常特殊的成长环境——没有进理想园的小朋友排成一长串名单，等着进理想园。从理想园毕业的小朋友永远心向理想园；当他们在小学里一有得意高兴的事时，最先想到的，就是要打电话告诉理想园的老师们。一桩小事可以反映理想园的特别：对于每年招收的新生，理想园固定保留10%左右的名额给肢体、智能上有缺陷的小朋友。这种做法当然会增加老师们的负担；但是，这种做法一方面可以让特殊的小朋友有机会和正常的小朋友一起成长；一方面也让其他正常的小朋友知道，社会上就是有一些和他们不太一样的人，并且学会在彼此歧异的基础上，大家和悦相处。

以价制量

两三年前我曾经写过一篇短文，分析取缔随地吐槟榔汁的意义。我在文章里指出，当绝大多数吃槟榔的人都随地吐汁的时候，随便抓几个倒霉鬼重罚，是不太公平的事。

最近和一位朋友聊天时，我又联想起这件事。我们说到有一位医学院教授，因为有收红包之嫌而被检举起诉。朋友说，他曾带自己的幼儿去找这位医生看病，而且表示希望孩子的病能快点好。医生听了笑着说，病要好得快，当然有办法，只要开几帖重一点的药，自然药到病除。不过，那会伤害小孩子的内脏，还是让小孩子自己慢慢恢复比较好。

朋友的言下之意，显然是指这位医学院的教授是好人。虽然收红包的医生有很多，但刚好这位医生被检举，所以才有诉讼之难。其他的医生可能收红包数十年，但没有人检举，也就平安无事。

两三年前想取缔吐槟榔汁的事时，心里有点为那少数被抓来应景交差的人叫屈；现在再想医生被检举收红包的事，却有一些不太一样的体会。

最早开始送红包可能是因为各式各样的理由：病人真心表示感谢、医生主动暗示、病人希望得到特别的特遇、好医生分身乏术之下“以价制量”等。无论如何，经过长时间的演变，送红包变成一种习惯、甚至是规矩。红包的价码、送的时机，都有处可考。送的人不一定觉得有什么不对，收的人也收得心安理得——因为大家都这么做。结果，收送红包就慢慢形成一种“均衡”。

随着岁月的脚步，一般人的生活经验逐渐发生变化。原来在传统市场或巷子口杂货店里买东西时，都有人情交往的因素掺杂其中；原来到地政户政电信局等单位办事时，也总要靠关系套交情求方便。这些生活里点点滴滴的含义，都和送红包的意味若合符节。但是，现在在超市百货公司里买东西是单纯的一手交钱一手交货，到地政户政电信局等单位办事是照程序办理；交情，不再是重要的成分。

生活经验的改变当然会影响一般人对少数没有发生变化、那些“残存”陋习的感受。然而，支持那少数陋习的条件并没有太大的改变，“低度均衡”的存在是有其原因的：一般人还是难得请医生帮忙接生，难得住院开刀；在非常的情况下偶一为之的送红包也还能忍受。而且，站在司法单位的立场，如果要一视同仁的处理，可能要同时起诉数千百个人，这当然不是简单的事；更何况即使过滤掉现有的人事，在目前的条件之下，还是会故态复萌。因此，司法单位不主动侦查，但有人检举则受案处理的态度，可以说是有以致之。

在这种“生态结构”之下，偶尔出现的检举、侦查、起诉、处分，对当事人来说确实是“不公平”的——因为其他收红包的人都平安无事。以“选择性的正义”来处理人的问题，说服力很有限。不但当事人心里不平，其他人也不见得会有所警惕；最多只是提醒其他人要“技术改良”，以更间接隐晦的方式来做同样的事。

不过，从另外一个角度来看，“公平”和“正义”等等，都是在稳定的社会下才有意义的概念。当社会（的某个部分）发生变化时，在变迁过程里公平正义的概念是不太一样的。“抓少数几个倒霉鬼”可能正是挣脱“低度均衡”的微弱契机，可能是生根茁壮、发酵扩散的种子。而且，对这极少数人的处分越重，越可能对其他人发生影响。不过，对受罚的人而言，越重的处分当然越不公平，而这也正反映出要打破“低度均衡”的困难！

现在吐槟榔汁的人已经越来越少，这倒不是因为重罚的结果，而是吃槟榔的人开始重视自己的形象。对于医生收红包、警察收保护费，以及其他诸多的低度均衡而言，这有什么启示呢？

量变和质变之间

几年前常到学校附近的一家西餐厅去，因为那个地方很安静，陈设也很高雅，牛排做得更好。去多了，自然认识里面的领班，也从他那儿学了一些品酒的常识。

后来，领班离开，自己开业，我偶尔会去捧场。他换了几个地方，最后终于拥有自己的餐厅，还开了分店。上次请几位同事一起去，他热情招待之余，客气地送给每人一张贵宾卡。据他说，他的贵宾卡有点特别，别的餐厅多是由餐厅主动奉送，他的贵宾卡一张要售新台币五百元。不过，每隔六个月，他会寄一张餐券给每位持卡人，凭餐券可以免费享受菜单上的任何一份套餐。

虽然套餐从四百五十元到七八百元都有，而且餐券每半年送一张；可是，听“老板（朋友）”说，他并没有亏过钱。事实上，每到他寄送餐券的月份，他的营业额都特别高，利润也就比平时还可观。

前两天又接到他寄来的餐券，这已经是我收到的第三张了。刚好，最近在思索一些社会变迁的问题，我就试着从朋友送免费餐券这件事里萃取一些启示。

我并没有问过朋友，他是怎么想到这个先缴费换贵宾卡、后送免费餐券的点子。不过，他显然是巧妙的掌握了人性中光明但脆弱的一面：对大多数人而言，接到“免费”的餐券心里当然高兴；可是，每个人也都清楚，餐厅菜单上的套餐都所费不赀。因此，大部分的人都会呼朋引伴的大驾光临，除了那张餐券之外，其余的消费都自掏腰包。结果，增加的营业额不但能承担那些免费餐券而有余，还意味着“旧雨”又带来了很多的“新知”！

可是，朋友这种“肉包子打人，有去更有回”的做法能推广扩散、能放诸四海而皆行吗？不见得。对持有贵宾卡的人而言，朋友这家餐厅的做法迥异于其他，所以很多人会以一种投桃报李的情怀来因应。如果这么做的餐厅越来越多，再接到“免费餐券”时，可能就会有不太一样的取舍：或者因为不再有新鲜感而不上门，或者一个人带着餐券自己用餐了事。结果，送免费餐券的餐厅可能吃亏蚀本，最后不得不停发餐券。因此，朋友的做法很可能是“只此一（两）家”，多则失灵。

不过，也不一定。如果其他的餐厅开始模仿，因为还是极少数，所以顾客们还是有惊喜特别的感受。结果也会热情因应，这么做的餐厅因而也享受到和朋友一样的额外利润。有利可图的事当然会吸引别人东施效颦，因此，这么做的餐厅越来越多。最后，大家都这么做，所有像样的西餐厅都会定时寄免费餐券给有贵宾卡的人。如果有哪一家餐厅不这么做，顾客会埋怨：其他餐厅都送，为什么你们这家不送。为了怕得罪顾客，即使心里不情愿也不得不勉强配合。

当大家都这么做的时候，“送餐券”就变成一种“标准化”的做法、成为一种行规。餐厅的利润还是可能会增加；不过，这时候已经不再是“送餐券”和“不送餐券”的餐厅之间的比较，而是所有这些送餐券的餐厅和其他饮业的比较。对顾客而言，由量变到质变之后显然比以前享受了质量更高的服务——就像最后所有的百货公司都接受客人退换货品一样。人的生活环境变得好一些，人的尊严提升了一点点，社会的文明程度也往上移动了一个小刻度。

好久没有到朋友的西餐厅去了，过两天（带着免费餐券）去时，我会问他送这种餐券的西餐厅有没有越来越多？

谢　辞

这本书原先的书名为《金字塔的秘密》，因为太过文静，所以作了一点调整。这篇序的内容希望能反映整本书的精神，以及我的企图。我希望能攀登到经济学这座金字塔的顶尖，然后再放眼四望其他的金字塔。

除了书名上的调整之外，在文章的组合上也作了大幅的变动。时报文化的周翠如小姐，费心重新编排，分成十二章，各有所重。还有，为了这次改版发行，我特别感谢邱正雄老师和南方朔大师的序。他们的溢美之辞，我愧不敢当；我只是以经济学者的身份，希望充当一个称职的“信差”，向社会大众阐明经济学的趣味而已！

这本书在编排的最后阶段时，我刚好应聘到香港，担任城市大学的客座教授。香港《明报》曾经作了一次专访，本来希望能编进书里。因为时间上不能配合，只好割爱。也许以后再版时或在其他选集里，可以纳入，作为读者阅读时的另一个参考点。但是，封面上的照片，却是那次访问时所拍的。

熊秉元于香港城市大学经济及金融系

2003 年 3 月